马克思主义简明读本

市民社会理论

丛书主编：韩喜平
本书著者：周成贤

编 委 会：韩喜平　邵彦敏　吴宏政
　　　　　王为全　罗克全　张中国
　　　　　王　颖　石　英　里光年

吉林出版集团股份有限公司

图书在版编目（CIP）数据

市民社会理论 / 周成贤著. -- 长春：吉林出版集团股份有限公司，2013.9（2019.2重印）
（马克思主义简明读本）

ISBN 978-7-5534-2587-0

Ⅰ.①市… Ⅱ.①周… Ⅲ.①市民—城市社会学—研究 Ⅳ.①C912.81

中国版本图书馆CIP数据核字(2013)第174643号

市民社会理论
SHIMIN SHEHUI LILUN

丛书主编：	韩喜平
本书著者：	周成贤
项目策划：	周海英　耿　宏
项目负责：	周海英　耿　宏　宫志伟
责任编辑：	陈　曲　潘　晶
出　　版：	吉林出版集团股份有限公司
发　　行：	吉林出版集团社科图书有限公司
电　　话：	0431-86012746
印　　刷：	北京一鑫印务有限责任公司
开　　本：	710mm×960mm　1/16
字　　数：	100千字
印　　张：	12
版　　次：	2013年9月第1版
印　　次：	2019年2月第2次印刷
书　　号：	ISBN 978-7-5534-2587-0
定　　价：	29.70元

如发现印装质量问题，影响阅读，请与出版方联系调换。0431-86012746

序　言

习近平总书记指出,青年最富有朝气、最富有梦想,青年兴则国家兴,青年强则国家强。青年是民族的未来,"中国梦"是我们的,更是青年一代的,实现中华民族伟大复兴的"中国梦"需要依靠广大青年的不断努力。

要提高青年人的理论素养。理论是科学化、系统化、观念化的复杂知识体系,也是认识问题、分析问题、解决问题的思想方法和工作方法。青年正处于世界观、方法论形成的关键时期,特别是在知识爆炸、文化快餐消费盛行的今天,如果能够静下心来学习一点理论知识,对于提高他们分析问题、辨别是非的能力有着很大的帮助。

要提高青年人的政治理论素养。青年是祖国的未来,是社会主义的建设者和接班人。党的十八大报告指出,回首近代以来中国波澜壮阔的历史,展望中华民族充满希望的未来,我们得出一个坚定的结论——实现中华民族伟大复兴,必须坚定不移地走中国特色社会主义道路。要建立青年人对中国特色社会主义的道路自信、理论自信、制度自信,就必须要对他们进行马克思主义理论教育，特别是中国特色社会主义理论体系教育。

要提高青年人的创新能力。创新是推动民族进步和社会发展的不竭动力，培养青年人的创新能力是全社会的重要职责。但创新从来都是继承与发展的统一，它需要知识的积淀，需要理论素养的提升。马克思主义理论是人类社会最为重大的理论创新，系统地学习马克思主义理论有助于青年人创新能力的提升。

要培养青年人的远大志向。"一个民族只有拥有那些关注天空的人，这个民族才有希望。如果一个民族只是关心眼下脚下的事情，这个民族是没有未来的。"马克思主义是关注人类自由与解放的理论，是胸怀世界、关注人类的理论，青年人志存高远，奋发有为，应该学会用马克思主义理论武装自己，胸怀世界，关注人类。

正是基于以上几点考虑，我们编写了这套《马克思主义简明读本》系列丛书，以便更全面地展示马克思主义理论基础知识。希望青年朋友们通过学习，能够切实收到成效。

韩喜平
2013年8月

目 录

引 言 / 001

第一章 马克思市民社会理论的历史渊源 / 003

第一节 古代西方市民社会的思想 / 003

第二节 近代西方市民社会的思想 / 016

第二章 马克思市民社会理论的形成过程 / 029

第一节 马克思关于市民社会的思想历程 / 029

第二节 马克思对黑格尔市民社会理论的扬弃 / 040

第三章 马克思市民社会理论的基本内容 / 047

第一节 马克思市民社会概念的辨析 / 047

第二节 市民社会的构成要素 / 053

第三节　市民社会与国家 / 062

第四节　市民社会与人类解放 / 075

第四章　马克思市民社会理论的现代意义 / 092

第一节　马克思市民社会理论确立了新的世界观 / 093

第二节　马克思市民社会理论确立了新的批判对象 / 117

第三节　马克思市民社会理论确立了新的价值理想 / 130

第五章　马克思市民社会理论在当代西方的发展 / 147

第一节　葛兰西的市民社会理论 / 147

第二节　哈贝马斯的市民社会理论 / 153

第六章　马克思市民社会理论在当代中国的发展 / 172

第一节　中国关于市民社会概念的界定 / 173

第二节　中国市民社会研究兴起的背景 / 176

第三节　中国市民社会的研究进程 / 177

第四节　中国市民社会发展阶段论 / 179

第五节　中国市民社会研究的意义 / 183

引　言

　　一个个的个体聚集在一起，构成了家庭、城市、国家，乃至大千世界。社会是人们在聚集中达成的关系总和。在人类历史进程中，从原始的自然经济，简单的商品经济，到发达的市场经济，社会关系在质与量上不断变化。市民社会作为一种人与人之间的关系，其建立的基础是什么，这种关系的性质如何，这是市民社会理论所要关注和探究的。

　　综观西方思想史，市民社会理论的演变可归结为三次大的转变：一是市民社会与自然状态相对立，以商业化、政治化的城邦国家的出现为标志，主要体现在亚里士多德、西塞罗和早期自由主义哲学家的思想中；二是市民社会与政治国家的分离，始于早期自由竞争资本主义时期，主要体现在黑格尔、马克思等人的思想中；三是市民社会指向文化系统，始于垄断资本主义时期，主要体现在葛兰西、哈贝马斯等人的思想中。马克思是古典市民社会理论的终结者和当代市民社会理论的开启者。通过对马克思市民社会理论的历史渊源、形成过程、基本内容、当代发展等问题进行梳理,有助于我们理解马克思早期思想发展历程,可以为建设中国特色社会主义提供有价值的思想资源和理论指导。

第一章　马克思市民社会理论的历史渊源

任何一种事物都有它的前因后果和来龙去脉，任何一位思想家的理论都是在把握以往理论的基础上形成和发展起来的，马克思的市民社会理论也是如此。通过探寻西方市民社会思想的历史传统及演变进程，可以进一步认清马克思市民社会理论的思想前提。市民社会的概念最早可以追溯到古希腊和古罗马，之后经由近代思想家的理论总结，最后在黑格尔那里具有了现代意义，而马克思的市民社会理论正是来源于对黑格尔市民社会理论的批判与继承。

第一节　古代西方市民社会的思想

古代西方的"Civil Society"有三种含义：市民社会、政治社会、文明社会。从词源上看，"Civil Society"（市民社会）一词是由拉丁文词"Societas Civilis"演化而成。"Civil"这个词实际上源于拉丁文中表示"公民"和"公民权"的几个相关词汇，而这几个词最早都来自于希腊文。因此，市民社会理论也就自然而然地应当被追溯到古希腊和古罗马，其中亚里士多德和西塞罗的理论最具代表性。

一、古代西方市民社会思想的追溯

"市民社会"最初的含义是指"Politike Kornonia"（政治共同体）。"Politike"是由"Polis"（城堡）一词转义而来，所以亚里士多德指称的市民社会或政治共同体乃指古希腊时期特有的城邦国家。伴随着城市的兴起，人类的发展从野蛮走向了文明，从部落制度走向了国家。亚里士多德还赋予了城市或城邦的政治功能，这可以从其《政治学》一书中关于"Politike Koinonia"的概念上体现出来。"Politike Koinonia"被亚里士多德称为政治共同体或城邦国家，具体是指自由和平等的公民在一个合法界定的法律体系下结成的伦理——政治共同体。作为政治共同体或城邦国家可以确保享有自由和平等的公民参加政治共同体的各种活动。在这个意义上，市民社会等同于政治社会。

城邦国家最具特色的是城邦民主制，这种民主制是一种直接民主制，城邦的政治主权属于它的公民，公民直接参与城邦的治理，而不是以代议制的形式出现。可以说，古希腊与古罗马的城邦政治思想和公平自由社会代表了市民社会概念的最初含义，这种含义着重于市民社会的道德判断，坚持文明社会——野蛮社会的二分法。在他们看来，处于野蛮状态中的人们，由于只有家庭、村落乃至部落这样的社会共同体而没有政治共同体，因此无法过上快乐而有道德的生活，只有当人们自愿组成政治共同体时才能过上最美好的生活。政治共同体的形成表明人类理性的发展进入了一个新阶段，是人类进入文明社会的首要标志。

随着古希腊城邦国家的逐一衰落，亚里士多德的市民社会概念到古罗马时期已逐渐失去了它相应的实体，不过市民社会作为自由和平等的公民在一个合法界定的法律体系下结成的伦理政治共同体，这一层含义却一直延续了下来，并成为市民社会在政治上自由、民主、平等的一种历史性的理论资源。托马斯·阿奎那、洛克等人不止一次地在市民社会问题讨论中上溯到亚里士多德，这都反映了亚里士多德的市民社会概念在政治学意义上的重要性。

随着基督教的兴起与日渐强大，教会与政治国家的对立与斗争的现状开始出现。政治理论家们分别为皇权和王权的各自权限而论证，这样原来用来描述城邦生活的市民社会概念就从思想家们的视线中隐退了。这种状况持续到13世纪，直到亚里士多德的著作被译为拉丁文后不久，不同思想家们想从亚里士多德的市民社会理论中寻求武器，为皇权或王权辩护，如托马斯·阿奎那就是利用亚里士多德的市民社会思想为皇权辩护的。他承认国家或政治社会的目的是引导公民实现最美好的生活的，而美好的生活不仅包括物质上的丰裕、和平与安宁，而且还包括与上帝共享天伦之乐，而后者只有高扬神权才能做到。

到了14世纪，出现了为王权辩护的思想家。他们认为政治共同体或国家本身就是自给自足的社会，对于人们的物质需要和伦理需要均可满足。因此，王权不需教会的批准。14世纪的人们视线中的市民社会仍是在政治社会、市民社会、文明社会三重含义以上被使用的。

随着教会势力的削弱，为王权合法性辩护的君权神授的思想已越来越受到人们的质疑，契约论的思想应允产生。一些契约论的思想家们认为市民社会作为契约的产物与人们的自然状态相对立。作为早期人类的自然状态实际上就是无政府状态，被界定为"前国家社会"。前国家的社会是一个缺乏安全保障的社会。为了克服这种自然状态的不安全因素，人们通过协约的方式将部分或全部权力交与国家，国家确保人们的安全和共同的利益。契约论的思想家从民众自身利益和安全得到实现的角度，给出了国家政治权利合法性的论证，并依此反对君权神授的谬论。

西方古代市民社会概念具有以下三个特征。从文明社会相对于野蛮社会而言，它具有道德上的价值诉求，而道德判断的标准是建立在政治共同体的基础上的；从市民社会概念的起源上看，政治功能是它的典型特征，拥有政府和法律是市民社会文明特征的标志。从市民社会政治功能得到实现的基础上看，共和政体是政治文明的基础。

在西方古代思想家那里，市民社会概念的使用呈现出以下三个特征。首先，他们对这一概念的使用具有强烈的道德判断意味。古典市民社会理论家往往有意无意地坚持文明状态或文明社会——野蛮社会（契约论思想家称之为自然状态或自然社会）的二分法。在他们看来，处于野蛮状态之中的人们，由于只有家庭、村落乃至部落这样的社会共同体而没有政治共同体，因此无法过上快乐而有道德的生活。只有当人们自愿组成政治共同体时才能过上最美好的生活。政治共同体的表现表明人类理性的发展进入了一个新阶段，是人类进入文明社会的首要标志。其次，他们往往在政治社会的意义上使用市民社会的概念。古典市民社会理论家承认在市民社会中存在着家庭、私有财产、工商业生活等，但他们认为这不构成市民社会的主要特征，因为这些要素在野蛮社会或自然社会中也同样存在。市民社会的主要特征在于它拥有政府和法律这样一些政治文明因素，它也因此而被称为文明社会。最后，他们所讲的政治社会乃是一种公民社会，这是建立在共和政体基础上的一种社会。如前所述，亚里士多德、西塞罗的政治社会概念是用来描述古希腊城邦或古罗马共和国的生活状况的，这种城邦或共和国都是以共和政体为基础的。

中世纪思想家所用的市民社会概念是指城市国家，它也是以共和政体为基础的。契约论思想家把父系权威及其体现专制王权归入自然状态或自然社会之列，认为政治社会是建立在共和政体基础上的。在共和政体中，政府的权威来自民众的同意，政府的目的是保障民众过上幸福的生活。在以共和政体为基础的社会中，个人只有作为公民而存在，只有参加到政治共同体的生活中去才有意义。在他们看来，公民角色在道德上要高于个人在家庭中扮演的角色，个人所参加的政治生活也要高于个人的工商业生活，因为按照亚里士多德的观点，人首先是一种政治动物和社会动物。

二、亚里士多德的"城邦"与"公民"

亚里士多德被认为是最早对市民社会作出界定的思想家，"市民社会"一词最早是由亚里士多德提出的。亚里士多德在《政治学》一书中指出市民社会是一种城邦，被等同于个人实现优良生活，取得自身存在根据的共同体。亚里士多德在其著名的《政治学》中，提出了"Politike Koinonia"的概念。这概念是指政治共同体或城邦国家或政治社会，具体指自由和平等的公民在一个合法界定的法律体系之下结成的伦理政治共同体。

在亚里士多德的论述中,"市民社会"指的是政治共同体或城邦国家。具体来说,是自由和平等的公民在一个合法界定的法律体系之下结成的伦理——政治共同体。亚里士多德认为"Politike Koinonia"不仅具有政治的功能,还有道德上的价值诉求,只有在城邦这样的共同体中,人们才可能过上美好的生活,而家庭和村落则不能。

在亚里士多德看来,城邦是一个由公民所组成的群体,城邦的主体是公民。城邦的一般含义就是为了要维持自给生活而具有足够人数的一个公民集团,而他所指的"公民"与当代所理解的"公民"有很大的差异。亚里士多德对"公民"的范围有着极为严格的限定。首先,奴隶不是公民,因为他们只能因为拥有体力而从事由他人安排的劳务;其次,妇女也被排除在公民的范围之外,因为她们同奴隶从事物质生产以维持肉体的生存一样,专门从事生养后代以保持物种的延续。因此,亚里士多德认为,不能把维持城邦生存的所有人们,全部列入公民名籍。他通过对政治权利的分析得出结论:凡有权参加议事和审判职能的人,就可说他是那一城邦的公民。

三、西塞罗的"正义"与"理性"

在拉丁文中，"societas"一词指协会、结社、结盟的意义，而"civilis"一词的含义则较复杂。首先，它指市民的或城民的；其次，它代表了一种法律和社会至上的思想；再次，"civilis"在拉丁文中还有重要的经济含义，它可以指私人权利；最后，它还是一个与公共生活、政治生活相关的术语。其意思不仅是单个国家，而且也指已经发达到出现城市的文明政治共同体的生活状况。这些共同体有自己的法典，有一定程度的礼仪和都市特性，市民合作及依据民法生活并受其调整，以及"城市生活"和"商业艺术"的幽雅情致。

西塞罗的"市民社会"，它意指具有国家意义的城市的文明共同体的生活状况，它不仅指单一国家，而且也指已发达到出现城市的文明政治共同体的生活状况。这些共同体有自己的法典，有一定程度的礼仪和都市特性、市民合作及依据民法生活并受其调整以及"城市生活"和"商业艺术"的幽雅情致。这一含义为14世纪的欧洲人广为采用。西塞罗的市民社会思想为后来的市民社会理念提供了理论渊源,他的市民社会概念包含了现代乃至当代市民社会理论的思想基因。

西塞罗对亚里士多德市民社会理论最重要的突破体现为对政治共同体能够存在的理念规范的解释。西塞罗认为,共和国作为一种共同体,是公民群体的组合。然而,从当时古罗马帝国的实际情况来看,共和国成员之间,特别是平民和贵族之间,因为利益与观念的不同,极易导致矛盾与冲突的发生,这使古罗马帝国处在危机之中,甚至造成了区域的分裂和政治制度的瘫痪。

在斯多葛学派自然法理念的基础上,西塞罗提出了"正义"和"理性"的理念。古希腊斯多葛学派构设出了一套基于自然法理念的行为规范,如自我控制、行善以及献身义务和公共事务等,以克服个人与共同体相冲突所导致的混乱状态,拯救尚未集中的古罗马共和国。多葛学派的这些规范在古罗马人的观念中产生了巨大的影响。西塞罗对市民社会概念的理解就受到了这些规范的直接影响。

在西塞罗看来,共同体成员彼此之间若要实现和谐共存，就必须秉承"正义"和"理性"的理念，这是市民社会中人类有组织的生活的基础。只有在这个基础之上，市民社会才能克服个人之间以及个人与共同体之间的矛盾与冲突。这种"正义"和"理性"的理念是一种不被人们的意志所左右的自然法原则，它们虽然没有以成文法的形式存在，却以一种无形的方式引导着公民的意志和行为。这种理念实质上就是一种自然法的规范。西塞罗曾给予自然法一个经典的阐释：事实上存在着一种符合自然的、适用于一切人的、永恒不变的、真正的法——正确的理性。这个法通过自然的命令鼓励人们履行他们的责任，又通过自己的禁令制止人们为非作歹。它的命令与禁令总是对善良的人们有影响，对恶人并不奏效。用人为法来削弱它，在道义上永远是不正当的；限制它发挥作用，也是不允许的；使它全部无效，更是完全不可能的。元老也好，人民也好，都不能解除我们服从这一法律的责任。它不会在古罗马立下一条规矩，在雅典定下另外一条；它不会今天立一条规矩，明天另立一条。谁要拒不服从它，就会丢弃自己较为善良的本质，否认人的真实本性；尽管他可能逃脱人们称之为处罚的所有后果，最终也会遭到最严厉的惩罚。

可见，西塞罗为市民社会明确了一种根植于自然法则的正义和理性观念之中的市民社会的基本组织原则。因为市民社会是一种自然的组织，所以，只有遵循着秉承自然法理念的基本组织原则，市民社会才能缓解、调和由私人利益不同和个体价值差异所带来的冲突。

西塞罗是自然法理论的奠基人之一，他关于正义和理性的自然法则的理论，被众多思想家所追随。在中世纪，神学家利用自然法则为教会权力作辩护，他们宣称自然法是超验的神的意志和律令，而不是经验世界的普遍规则，他们认为上帝的意志与律令不依赖于事物的性质，但是关于事物性质的规律则来自于上帝的意志与律令。神学家们的这一思想在中世纪成为占主导地位的观念。

西塞罗与亚里士多德的市民社会概念并没有大的差异。西塞罗的市民社会仍然存在于亚里士多德所确立的市民社会范畴之内，仍然没有超出古典市民社会理论的范畴。西塞罗的市民社会与亚里士多德的市民社会一样，也是一个集政治、经济、文化、社会等人类文明于一体的概念。西塞罗的贡献在于确立了公民社会的组织原则,这原则直接体现着自然法则所包含的理性和正义。

在西塞罗看来,国家之所以为国家,首先在于其统治的正义性与公益性,一旦国家失去其为之存在的目的——正义和公益,那它也就不再是国家。西塞罗认为,国家虽然是人民的事业,但不是一个由人民随意聚合的集合体,而是根据一致同意的正义原则结成的人的结合体,是以公共利益为基础所达成的合作关系。

在中世纪的基督教神学家看来,国家被视为世俗的城邦,与其相对的是上帝的城邦。二者的区别是善与恶的区别,上帝的城邦以神律为基础,体现了真正的善,即基督教的善,它是基督的追随者和真正的上帝的崇拜者的共同体。世俗的城邦被自恋所引导,人们以享乐为最高追求,他们追求智慧的动机是自爱而不是真理。这种城邦的祖先是顽固不化、不可救药的该隐,世俗的城邦钟爱完全的独立和自足,它是对上帝的背叛。对于中世纪时期的市民社会与国家的高度合一,马克思评价道:"中世纪的精神可以表述如下:市民社会的等级和政治意义上的等级是同一的,因为市民社会就是政治社会，因为市民社会的有机原则就是国家的原则。"

在文艺复兴时期，独立的民族国家日益取代教会成为支配、统合社会的主导力量，公民的概念逐步取代臣民的概念，自由契约的观念逐步取代依附关系的观念。从神学思想中摆脱出来的思想家们认为，国家是人的创造物而不是神的作品，正如马克思所说的，他们已经用人的眼光来观察国家了，他们是从理性和经验中而不是从神学中引申出国家的自然规律。

第二节　近代西方市民社会的思想

西方市民社会的产生是启蒙思想家继承并接受了欧洲中世纪的两个思想：其一，社会组织与政治组织的有限分离。社会不等同于政治结构，政权只是社会这个大单位的一个有机组成部分；其二，教会是独立的社会，教会权威与世俗权威是并立的"双剑观"。启蒙思想家们在其学说中强化了这两个思想，确立起了社会所具有的先于或外于国家的身份或生命，他们广泛使用的"市民社会"一词，除了指与自然状态相对的政治社会与国家，还具有与国家相对的实体社会的一些涵义。英法启蒙思想家广泛使用"市民社会"一词，其特指与自然状态（家庭）相对的政治社会或国家，而不是指与国家相对的实体社会。

一、启蒙时代的市民社会思想

16世纪以后，随着市民等级在工商业活动领域的发展，兴起的资产阶级要求摆脱王权限制的愿望愈来愈强烈，进而表现为资产阶级的革命。革命的积极成果是推翻封建专制的统治，确立了"代议制民主原则"。代议制的确立为市民等级的经济发展提供了法律上的保障。而法国的资产阶级革命标志着市民社会与国家的真正分离。即只有法国革命才完成了从政治等级到社会等级的转变过程，或者说，使市民社会的等级差别完全变成了社会差别，即没有政治意义的私人生活的差别。

启蒙思想家们一般都将社会与市民社会作同义词使用，而且这个社会一般指社会的政治活动，因而他们的市民社会理论更多的是确立了市民社会的政治传统，市民社会概念中的政治功能弱化甚至取消。

市民社会与国家的合一或二分均是现实社会自身发展的需要和反映。16世纪开始的市民等级在工商业活动方面的发展为市民社会和国家的分离奠定了现实的基础，而直到18世纪，思想家们才对二者的分离作出理论上的反映。洛克已经模糊地意识到"政府和社会的区别"，但未作细致的区分。继洛克之后的启蒙思想家孟德斯鸠和伏尔泰在区分市民社会和国家的基础上，做出二者分离的心理期望。只有资产阶级思想家托马斯·潘恩明确呼吁市民社会要摆脱政治因素的影响，作为一个独立的经济领域而发展自身。该领域的发展贯穿自由平等和互利的原则。而国家以契约的方式保障社会成员的安全，但这是一种消极的方式。托马斯·潘恩就国家与市民社会的对比给出了描述："社会在各种情况下都是受欢迎的，可是政府呢，即使在最好的情况下，也不过是一件免不了的祸害；在最坏的情况下，就成了不可容忍的祸害。"随着市民社会的发展和完善，政治国家就显得无足轻重了。

二、洛克的"自然状态"

洛克的"市民社会"与国家已不再合流,两者的分野已露端倪。在古希腊国家与市民社会只是同一对象的不同称谓,中世纪,世俗世界与宗教世界之间的对立表明了国家之外一种神学组织的存在,那么洛克为所揭示的先于国家并存在于国家之外的社会组织已挣脱了其神学外壳,并且具有了相当的独立性。这就意味着现代意义上的市民社会在洛克那里已具雏形。洛克曾把市民社会与国家互换使用,并且第一次将市民社会作为人类社会发展的一个阶段,即有政治的阶段。

洛克在他的《政府论》第一卷中写道:"自然状态就是人们按照理性而生活在一起,地球上没有一个共同的长官能在它们之间作出权威的判决。无论何地,只要有一定数目的人,不论他们如何联系在一起,如果他们没有一个可以求助的决断性的权威,那么,在那里他们就处于自然状态中。"洛克认为,人类原来所处的自然状态,是一种完备无缺的自由状态,他们在自然法的范围内,按照他们认为合适的办法，决定他们的行为和处理他们的人身财产，而无需得到任何人的许可或听命于任何人的意志。但是，自然状态依旧存在缺陷，诸如缺少明确的法律，缺少解决争端的公民裁判者，缺少权力来支持正确的判决。

洛克认为，为了克服自然状态的缺陷，人们互相协议，自愿将一部分自然权力赋予国家，这便是政府和社会本身的起源。因而组建国家的目的就是构建立法、知法、权力这三要素。洛克的观点就是，社会先于国家而存在，国家只是处于社会中的个人为达成某种目的而形成的契约的结果。洛克的这一观点开创了西方自由主义传统的先河。

三、孟德斯鸠的"法治"

不同于洛克的理论，孟德斯鸠的理论是从西方传统中汲取因素，是建立在中世纪政治观念中的诸多因素基础之上的。这些因素包括了关于主体权利的法律概念，相对独立存在的自治市，中世纪标准的政治结构。由于中世纪的政治构架对孟德斯鸠具有如此的重要意义。孟德斯鸠的思想方法，同古人一样，仍然从政治意义上定义城邦。对城邦的这种看法导致他不可能对市民社会和政治国家作出区分，因为对于古希腊人或古罗马人而言，这种区分是无法理解的。

孟德斯鸠的法治思想，是对中世纪的西方世界关于权力之间相互制衡思想的发展。孟德斯鸠承袭了西方权利制衡思想，并在此基础上提出了三权分立的法治思想。

孟德斯鸠提出了不同于洛克的反专制主义的思想。与洛克激进的观点不同，孟德斯鸠认为，政府在形式上是君主制还是共和制并不重要，重要的是这个政府是否能够得到有效监督而避免走向独裁专制。在孟德斯鸠看来，国家是法律的制定者与执行者，市民社会则是捍卫法律的实体，在统一的宪法体系下，国家与社会在立法、执法、行政权力中各司其职、相互监督。

孟德斯鸠理论的一个重要特征，是其假设了一个强大且不可或缺的君主制政府。孟德斯鸠提出的自由君主体制，是在谋求强大的中央政权同与之联系的机构和社会力量之间的均衡。在《论法的精神》一书中，孟德斯鸠对"君主制"进行了详细的描述。在孟德斯鸠看来，君主制政府关键问题在于如何让政府受制于法律从而受到制衡，避免走向独裁统治。而解决这一关键问题，在于在该法律体系中具有独立的合法组织者在捍卫该法律，否则，政府就不能有效受制于法律的制衡。在孟德斯鸠看来，法治离不开中间团体，法治必须依靠中间团体。若没有法律，诸如议会机构这样的中间团体便不具有任何地位，而如果没有这些中间团体，法律便不会有有利的捍卫者。

反对专制，崇尚自由，是西方自由思想的本质特征。孟德斯鸠也是一名自由主义的奉行者。但他并没有接受那种将市民社会与国家予以界分的模式，以此来替代专制统治的模式。孟德斯鸠的贡献在于，他力图在市民社会与政治国家之外，寻找到一个第三方的力量或领域。这种第三方的力量或领域在一定程度上保证着个体的自由和尊严。

在孟德斯鸠那里，社会在一定意义上是以政治为界定基础的，但他为市民社会与政治国家相分离奠定了理论基础。孟德斯鸠追求一种权力的均衡状态，即他把社会看作是一系列权力间的均衡状态。孟德斯鸠虽然仍是以政治意义来界定社会，但为了实现权力的制约与平衡，这种界定在宪法上是分散的，也就是说，权力在许多独立的机构和社会力量之间进行着分配。同时，孟德斯鸠还构想了一种为了政治目的而成立的独立实体，它们存在的重要性并不在于构成了一个独立于政治的社会领域，而在于它们构成了政治体系中分配权力的基础。

四、黑格尔的"市民社会"

第一个将市民社会与国家概念做出学理区分的是黑格尔，他沿用了市民社会一词并赋予了它新的含义。透过市民社会这一术语，黑格尔向其时代观念所提出的问题并不亚于近代革命所导致的结果，即通过政治集中而在君主国家中产生了非政治化的社会，将关注重心转向了经济活动。正是在欧洲社会的这一过程中，其政治社会与市民社会第一次分离了，而这些状态于此之前意指的是同一回事。这种新思想反映了不断变化的经济现实：私有财产、市场竞争和中产阶级的勃兴以及人们对自由日益强烈的需求。现代意义上的市民社会也由此产生。

市民社会理论集中体现在黑格尔的《法哲学原理》中。他在《法哲学原理》中将家庭、市民社会和国家这三者做了区分，他指出市民社会是介于家庭和国家之间的中介环节，它与国家之间的区别体现在它们处于人类需求体系的不同位置上，其存在实际上是为实现普遍意义上的国家做铺垫的。

对于市民社会这一概念，黑格尔给出了明确的定义：市民社会是处在家庭和国家之间的差别的阶段，虽然它的形成比国家晚。其实，作为差别的阶段，它必须以国家为前提，而为了巩固地存在，它也必须有一个国家作为独立的东西在它面前。此外，市民社会是在现代世界中形成的，现代世界第一次使理念的一切各得其所。如果把国家想象为各个不同的人的统一，亦即仅仅是共同性的统一，其所想象的只是指市民社会的规定而言。许多现代的国家法学者都不能对国家提出除此之外任何其他看法。在市民社会中，每个人都以自身为目的，其他一切在他看来都是虚无。但是，如果他不同别人发生关系，他就不能达到他的全部目的，因此，其他人便成为特殊的人达到目的的手段。但是特殊目的通过同他人的关系就取得了普遍性的形成，并且在满足他人福利的同时，满足自己。

黑格尔的市民社会是一个特殊利益的领域，另外黑格尔把市民社会又看作绝对理念进展的一个环节，这样，黑格尔的唯物主义（特殊利益的领域）的分析又淹没在唯心主义的逻辑框架中。以国家作为理念发展的最高阶段，而家庭和市民社会是理念发展中的一个环节。从市民社会"以国家为前提"，看出黑格尔不是把市民社会看作历史发展的物质基础，而是由最高理念决定的。

黑格尔认为，市民社会绝非政治社会，市民社会的存在是与政治国家的相分离为前提的，它是国家政治生活之外的领域。在黑格尔看来，个人和国家之间存在着"家庭"和"市民社会"两个环节。市民社会是独立而不自足的，尚处于盲目、自我的阶段，它不仅需要国家的保护，而且由于它是伦理精神发展的一个阶段，故最终必将在国家中找到归宿，因为国家是代表普遍利益而非私人利益的更高阶段。国家把个人、家庭和社会团体的不同利益、目的协调起来，成为市民社会的原则和基础，国家支配和决定着市民社会。

黑格尔认为，市民社会是各个成员之间是作为平等的、独立而又彼此相互依赖的合作关系。市民社会具有两个主要原则：其一，作为特殊的个体，市民社会的成员本身都是相互独立的，每个人都是以自己为目的。其二，由于市民社会的成员在本质上的相关性，个体以自身为目的，其他人作为"中介"，达到自己的目的和满足自己的需要。为了欲求得到实现，个体必须与其他人合作。市民社会是通过劳动使个人的需要得到满足的"需要的体系"，是物质生活的领域。市民社会的基础是需要，"需要的体系"构成市民社会及其活动的主要内容。黑格尔所说的"需要"，指人们的物质生活、物质利益的"需要"，它是市民社会中众多个体彼此联系的纽带。黑格尔在这里又一次特别强调了各个人的需要的相互依赖性和社会性。需要和手段，作为实在的存在，就成为一种为他人的存在，而他人的需要和满足就是大家彼此满足的条件。不过，作为物质生活的领域，"需要的体系"的市民社会，即社会经济关系领域，它是法律制度和以公共权力为后盾的"外在的"政治秩序，因而它又被黑格尔称为"外部的国家"。其三，市民社会必须通过法律保护市民所有权，以预防社会危险和保护个人的生命财产。由于市民社会中的个体具有独立、自主的人格，并且拥有财产的权利，再加上劳动及分工的不同，社会财富的分配按照个人特殊性如教养、技能等来决定,因而形成了各种等级,等级之间的财产关系和契约关系由法律来规定和维系。法律体系的出现,正是在人们为了各自目的而相互交换需要和劳动中发生的。他宣称警察和同业公会是增进个人特殊福利的组织,如果说警察主要是以外部的方式保护和保全特殊利益的话,那么,同业公会主要是以社会成员的内部方式实现和促进特殊利益。可见,黑格尔的市民社会既存在于家庭的界域之外,又未在国家的界域之内;既与家庭和国家相联系,又独立于它们。他认为,市民社会是"伦理精神"的分解,它不同于"伦理观念"第一阶段上的"家庭","家庭"虽然以"爱"为原则,体现了"直接的或自然的伦理精神",然而它却淹没了个人的特性。市民社会维护市民社会成员具体的、特殊的利益,它用"利己"的原则去弥补"爱"之不足,从而使个人的目的、任性得到了充分的发挥。这样,市民社会只是一个抽象、片面的环节,它将在国家的最高观点上被克服。只有国家是伦理理念的现实,它代表最壮观的伦理生活。

黑格尔是比较完整地、系统地提出现代市民社会理论的第一人，他基本上阐明了现代市民社会的主要特征。但是，由于黑格尔是从伦理精神的角度而不是从现实的角度来考察市民社会的，他的市民社会概念不可避免地存在着很大的缺陷。他对代表普遍性原则的国家的合理性的过分强调和理想化描述，使他得出了家庭和市民社会从属于国家的结论。马克思正是在批判黑格尔市民社会缺陷的基础上，以市民社会理论为出发点，创建了历史唯物主义。

马克思对黑格尔市民社会的概念进行了批判，并在此基础上产生了完善的市民社会理论。关于何为市民社会，马克思和恩格斯指出：市民社会包括各个个人在生产力发展的一定阶段上的一切物质交往，它包括该阶段上的整个商业生活和工业生活。市民社会只是随同资产阶级发展起来的，但是这一名称始终标志着直接从生产和交往中发展起来的社会组织，这种社会组织在一切时代都构成国家的基础以及任何其他观念的上层建筑的基础。

第二章　马克思市民社会理论的形成过程

马克思新世界观的确立始于对黑格尔市民社会学说的批判改造。马克思"市民社会"概念的生成，标志着马克思完成了哲学观的巨大变革，而马克思"市民社会决定国家"的结论标志着其唯物史观的初步形成。

第一节　马克思关于市民社会的思想历程

马克思在生成唯物史观之前的研究工作都是围绕着市民社会概念而展开的。通过研读世界历史、政治及政治经济学的著作，马克思生成了市民社会概念，找到了开启历史发展进程的钥匙，并把市民社会概念置于社会有机结构中，得出了唯物史观的结论。基于市民社会概念之上的唯物史观的发现，马克思就可以唯物地解释宗教异化、政治异化乃至经济异化的现象,并将自己的政治理想置于唯物史观的基础上。基于市民社会概念上的唯物史观的发现,同时使马克思在真实的意义上完成了对黑格尔唯心主义国家观的颠倒和对费尔巴哈的人本主义哲学的超越。

马克思的市民社会概念作为资本主义社会经济发展的产物,也只是市民社会概念历史演变过程中的一个阶段,伴随着人类社会发展的推进,市民社会概念又被赋予不同的时代内涵。马克思的市民社会概念是特定历史时代的产物,但是马克思市民社会概念是马克思唯物史观生成的重要思想前提,而唯物史观是马克思哲学的核心思想,是无产阶级解放的思想武器,所以探讨马克思市民社会概念的生成过程,不仅仅是复原了当时马克思思想发展初期经历的曲折和艰难的过程,而且把马克思哲学中的一个往往被忽视的重要概念——马克思市民社会概念呈现出来。

马克思在早期作品中频繁使用"市民社会"概念来阐释现代资本主义国家的起源、基础、性质和功能,从《黑格尔法哲学批判》至《1844年经济学哲学手稿》,马克思用"市民社会"来指"资产阶级社会"。经由《关于费尔巴哈的提纲》的过渡,从《德意志意识形态》开始,马克思把"市民社会"定义为"在过去一切历史阶段上受生产力所制约,同时也制约生产力的交往形式"。在《哲学的贫困》中,马克思进一步把"生产关系"概念精确化,系统论述了生产力与生产关系的辩证运动,使"生产关系"、"交往形式"、"市民社会"成为彼此相通的概念。

1830年10月,马克思进入特里尔中学。中学毕业后,进入波恩大学,18岁后转学到柏林大学学习法律,但他大部分的学习兴趣却在哲学和历史上。1841年马克思以论文《德谟克利特的自然哲学和伊壁鸠鲁的自然哲学之区别》顺利获得耶拿大学哲学博士。马克思毕业后担任《莱茵报》主编,遇到了在马克思思想发展史上颇为有名的"林木盗窃问题"。在德国西部有大片的森林和草地,原来生活在这里的居民都可以在这些地方砍柴、放牧。可是后来,一些贵族地主把这大片的森林和草地都霸占了,不许居民们靠近一步。不少居民想到山林中去拾些柴草,却被认为是"盗窃"。广大居民不满,德国议会不得不认真审议这些事情。可是,他们只为贵族地主考虑,审议结果是:居民们的行为确为盗窃!如果再持续下去，要用法律手段来解决！这样一来，引起全国民众对议会的强烈不满，人们愤怒谴责议会的不公平处理。马克思也感到十分气愤，他便在《莱茵报》上写了一系列文章发表自己的看法，文中严厉抨击了普鲁士政府的做法，立场坚定地站在民众一边，维护了农民的利益。普鲁士政府非常气愤，他们立刻派人查封了《莱茵报》，迫使它停止印刷。马克思一气之下，辞去了报纸的主编职务。马克思对自己的所作所为毫不后悔，相反，他更认清了反动政府的丑恶本质，他在寻找着时机，去继续与反动政府作坚决斗争。

1843年3月至9月，在《莱茵报》被查封之后，马克思着手写下了《黑格尔法哲学批判》这部手稿，对黑格尔法哲学理论即国家学说进行批判。他注意到被黑格尔和其他哲学家蔑视的经济问题，但又苦恼于不能确切说明国家与"市民社会"的关系，于是马克思决定清算黑格尔国家哲学的影响。他后来追忆道："为了解决使我苦恼的疑问，我写的第一步著作是对黑格尔法哲学的批判性的分析。"手稿的中心内容是关于"国家与市民社会的关系"，马克思得出这样一种见解：要获得人类历史发展过程的锁钥，不应当被黑格尔描绘成"大厦之顶"的国家中去寻找,而应当到黑格尔所那样蔑视的"市民社会"中去寻找。这部手稿主要涉及黑格尔《法哲学原理》的第261节至313节,内容包括国内法和国家内部制度中的王权、行政权和立法权。在这部手稿中,马克思并没有对"市民社会"概念作出界定,而主要是评析黑格尔关于国家与市民社会的关系的理论。这很可能是因为,马克思此时对黑格尔有关市民社会的理论没有太多的异议。从手稿中,马克思基本上就是从黑格尔关于市民社会的论断出发来讨论问题。而有关国家与市民社会的关系的论述,也是从黑格尔的观点和逻辑出发,通过批判性的分析,推论出与黑格尔不同的结论。马克思批评说:"市民社会作为私人等级,表明的是国家与市民社会的分离和对立。"私人等级是市民社会的直接的、本质的、具体的等级,市民社会要获得政治意义和政治效能,它本身就不再是私人等级。所以,一个现实的市民必然处在一个双重组织中:作为公民他处于官僚组织中,而作为私人则处在社会组织即市民社会的组织中。这是市民社会成员的双重生活,或个人存在的二重化。马克思把黑格尔颠倒了的市民社会与政治国家的关系重新纠正过来，科学地阐明了市民社会的内涵与外延，指出市民社会是特殊的私人利益关系的总和，政治国家是公共利益关系的总和，由此确定了市民社会与政治国家的划界。

在完成了《黑格尔法哲学批判》的写作之后，马克思接着就写了《论犹太人问题》和《〈黑格尔法哲学批判〉导言》两篇文章，同时刊登在1844年《德法年鉴》上。在这两篇文章中，马克思把市民社会同人的解放理论联系在一起，因而有了更为重要的意义。《论犹太人问题》的主题是政治解放与人的解放的关系问题。在这篇文章中，马克思围绕政治解放的内涵和政治解放与人类解放的关系问题，比较集中地阐释了他对市民社会的基本理解，其思想内容也有一些重要的进展。

在《1844年经济学哲学手稿》中，马克思则开始对市民社会进行解剖，首次形成了生产在社会生活中起决定作用的思想，即生产决定社会其他所有方面，包括社会意识的各种形式，这一成果同1843年相比，马克思发现了更深一步的社会基础。从哲学性质上说，马克思已完成从黑格尔式的唯心主义向费尔巴哈式的人本主义的转变；从政治立场上说，马克思已完成从革命民主主义向人本主义的共产主义的转变。

1844年9月至11月,马克思与恩格斯合写了《神圣家族》一书。在这本书中,"市民社会"这个概念再次大量地出现。这首先依然是同对犹太人问题的分析有关。在市民社会与犹太人精神的关系问题上,这本书的基本论点与《论犹太人问题》一文没有太大的差别,但经过《1844年经济学哲学手稿》对资本主义的人道主义批判,其思想倾向却发生了重要变化,更侧重对市民社会以及市民社会与国家的关系作出否定性的理解,即把市民社会比作现代奴隶制。他们说:"现代国家承认人权同古代国家承认奴隶制是一个意思。就是说,正如古代国家的自然基础是奴隶制一样,现代国家的自然基础是市民社会以及市民社会中的人,即仅仅通过私人利益和无意识的自然的必要性这一纽带同别人发生关系的独立的人,即自己营业的奴隶,自己以及别人的私欲的奴隶。现代国家就是通过普遍人权承认了自己的这种自然基础,而它并没有创立这个基础。现代国家既然是由于自身的发展而不得不挣脱旧的政治桎梏的市民社会的产物,所以,它就用宣布人权的办法从自己的方面来承认自己的出生地和自己的基础。"他们还指出:"在现代世界中每一个人都是奴隶制度的成员，同时也是公法团体的成员。市民社会的奴隶制恰恰在表面上看来是最大的自由，因为它似乎是个人独立的完备形式；这种个人往往把像财产、工业、宗教等这些孤立的生活要素所表现的那种既不再受一般的结合也不再受人所约束的不可遏止的运动，当作自己的自由，但是，这样的运动反而成了个人的完备的奴隶制和人性的直接对立物。

1845年11月至1846年8月，在与恩格斯合著的《德意志意识形态》一书中，马克思开始着手从物质生产的规律出发揭示整个人类社会的发展规律。在这本书中，马克思、恩格斯第一次明确地阐发了生产力决定"交往形式"、"市民社会"决定上层建筑的历史唯物主义基本原理。他们认为，"在过去一切历史阶段上受生产力制约同时又制约生产力的交往形式，就是市民社会。"在这一时期，马克思从内容和形式两方面来界定它，他认为市民社会的内容即是人们的经济活动，包括"各个个人在生产力发展的一定阶段上的一切物质交往"和"该阶段上的整个商业生活和工业生活"。市民社会的形式，即是工业和商业的经济生活的组织形式。它的最根本特点，就是处于国家和个人之间：一方面，它是保护工业和商业活动及个人利益的私人机构,而有别于国家的组织;另一方面,它又不能取代国家,而只能成为社会的一部分。在《德意志意识形态》时期,马克思彻底抛弃了黑格尔在国家与市民社会关系问题上的唯心主义立场,把交往形式(市民社会)理解为整个历史的基础,把生产力与交往形式的矛盾看成是一切历史冲突的根源和动力,使唯物史观有了比较完全、系统的形态。这也彰显了市民社会在历史唯物主义理论中的重要地位和作用。马克思在创立了自己的唯物史观后,继续从满足人们"物质需要的体系"市民社会中去寻找对国家的说明。

在马克思那个时代,"市民社会"这个概念已经有着确切的历史内涵。黑格尔明确认定市民社会是在现代世界中产生的,这是马克思很熟悉的。1767年苏格兰政治思想家亚当·弗格森完成了《市民社会史》一书。这本书以欧洲商业社会的发展为背景描述和分析了市民社会的产生及其功能。马克思多次引用这本书的观点和所提供的材料。由于把市民社会这个概念作为普遍的历史哲学概念来使用,实际上很难被接受。所以,马克思在以后的著述中很少使用"市民社会"这个概念来表述自己的历史唯物主义观念。可以说马克思当时用市民社会来表述唯物史观的基本观念很可能只是一个过渡。事隔十余年之后，也就是在马克思所写的《1857—1858年经济学手稿》中，市民社会这个概念被再次提及。但此时，这个概念在马克思的文本中已完全被还原为"现代社会"的产物。

马克思在1859年写的《〈政治经济学批判〉序言》中把市民社会定义为"物质生活关系的总和"。在马克思看来，作为上层建筑的国家，政治制度及思想意识观念是从属性的、第二性的东西，而市民社会则是决定的因素，是第一性的东西；有什么样的市民社会，就会形成什么样的国家。马克思给出了市民社会的概念："始终标志着直接从生产和交往中发展起来的社会组织，这种社会组织在一切时代都构成国家的基础以及任何其他的观念上的上层建筑的基础。"这也标志着马克思唯物史观的成熟和完善。

在《〈政治经济学批判〉序言》中，马克思对唯物史观的基本观点作出了新的表述。与《德意志意识形态》中的表述相比较，一个最明显的特征，就是放弃了对"市民社会"概念的使用，亦即不再用这个有确切历史内涵的概念来表述人类社会的一般物质关系。马克思这样说："我所得到的、并且一经得到就用于指导我的研究工作的总的结果，可以简要地表述如下：人们在自己生活的社会生产中发生一定的、必然的、不以他们的意志为转移的关系，即同他们的物质生产力的一定发展阶段相适合的生产关系。"这些生产关系的总和构成社会的经济结构，即有法律的和政治的上层建筑竖立其上并有一定的社会意识形式与之相适应的现实基础。物质生活的生产方式制约着整个社会生活、政治生活和精神生活的过程。不是人们的意识决定人们的存在，相反，是人们的社会存在决定人们的意识。

马克思在《〈政治经济学批判〉序言》中指出，斯密和李嘉图把单个的、孤立的个人作为出发点，卢梭通过契约来建立天生独立的主体之间的相互关系和联系的"社会契约论"，都不是以自然主义为基础的，而是对于16世纪以来就作了准备、而在18世纪大踏步走向成熟的市民社会的预感。这种18世纪的个人，一方面是封建社会形式解体的产物，另一方面是16世纪以来新兴生产力的产物。他还说，我们越往前追溯历史，个人，从而也就是进行生产的个人，就越表现为不独立，从属于一个较大的整体：最初还是十分自然地在家庭和扩大成为氏族的家庭中；后来是在由氏族间的冲突和融合而产生的各种形式的公社中。只有到18世纪，在市民社会中，社会联系的各种形式，对个人说来，才表现为只是达到他私人目的的手段，才表现为外在的必然性。

第二节　马克思对黑格尔市民社会理论的扬弃

马克思市民社会概念的生成是在批判各种唯心主义思潮以及费尔巴哈的直观唯物主义的过程中完成的。马克思在青年时期是黑格尔的信徒，在他发现黑格尔哲学体系中的矛盾之后，提出质疑并深入研究，批判了黑格尔哲学的唯心主义体系，吸取了他的辩证法的"内核"。马克思又批判了费尔巴哈唯物主义的唯心史观，吸收了他的唯物主义"内核"，马克思完成对上述两位哲学家的彻底批判，标志着马克思唯物史观的诞生。

黑格尔所理解的市民社会是居于家庭和国家之间的中介，而且市民社会自身又包含劳动和需要的体系、司法、警察（内务行政）和同业公会。黑格尔将市民社会从政治国家中分离出来，对市民社会和政治国家进行了划分。在中世纪时期，封建统治统摄一切，市民社会是依附于政治国家的，两者合为一体。黑格尔将市民社会的概念定义为同国家平行但分离于国家的范畴，是一个市民依照自己的利益和愿望联合起来的领域。这一思想反映了不断变化的社会现实，即私有财产、市场竞争和中产阶级开始兴起。马克思肯定了黑格尔界分市民社会与政治国家的积极意义和理论价值，并继承了黑格尔关于市民社会和政治国家的二元划分的思想。马克思在《论犹太人问题》中指出：旧的市民社会直接具有政治性质，就是说，市民的生活要素，例如财产、家庭、劳动方式，以及主权、等级和同业公会的形式上升为国家生活的要素。它们以这种形式规定了单一的个体对国家整体的关系，就是说，规定了他的政治关系，即他同社会其他组成部分相分离和相排斥的关系……因此，市民社会的生活机能和生活条件还是政治的。虽然黑格尔是从逻辑思辨的角度分析得出市民社会和政治国家的分离，但是这一分法启发了马克思。

马克思在《黑格尔法哲学批判》《〈黑格尔法哲学批判〉导言》和《论犹太人问题》等文章中，批判地继承了黑格尔的思想，把市民社会看作是市场经济中人与人的物质交往关系，以及由这种物质交往关系所产生的社会生活领域，并且认为国家是依附于市民社会的，市民社会决定政治国家。马克思没有应用社会契约论和自然状态说赋予市民社会以政治社会的意蕴，而是基于现实历史，考察了市民社会的生成、发展以及政治国家相分离的始因、规律，并深刻指出了市民社会与政治国家的最终命运：市民社会与政治国家都是阶级社会的产物，它们必然随着阶级的消灭而消灭。马克思始终站在现实历史和社会的基础上，从反映现实经济关系的"经济学"出发，从"物质生活关系"出发来解释"市民社会"。

马克思和黑格尔的市民社会概念有许多相似之处，两者的根本差异就在于他们对市民社会中的人的看法上。在黑格尔看来，市民社会的成员作为"私人"，以私己为原则，把私人利益看成自身的目的，说明他们处于伦理精神发展的低级阶段，因而市民社会中的人不是现实的存在；而马克思认为尽管市民社会中的人是有着种种缺陷应该被克服的人，但是，这样的人才是现实的人。马克思认为市民社会并不是人类社会中的永恒现象，也不是资本主义社会特有的，它有其特定的产生和发展的条件。市民社会是一定生产力条件下社会经济关系和物质交换关系的体现,是商品经济和私人利益的必然产物。它存在于国家和家庭之间,存在于一切有商品经济的时代,对特殊利益和普遍利益的对立起调和作用。

马克思认为市民社会乃是私人利益关系的总和。马克思的"私人利益体系"中包括了经济关系的领域、社会关系的领域以及文化——意识形态关系的领域。由于在特殊的私人利益关系的总和中,经济关系的领域具有决定性的意义,所以马克思就把它直接称为市民社会。马克思把"市民社会"看作是生产力发展的产物,是商品经济的对应物,看作是置于个人和国家之间、对私人利益和普遍利益起调和作用的"中介体"。在马克思看来,随着商品经济的发展和完善,市民社会的等级差别完全变成了社会差别,即没有政治意义的私人生活的差别。这样就完成了政治生活同市民社会的分离的过程,国家获得了和市民社会并列的独立存在,市民社会的成员在自己的政治意义方面脱离了自己的等级,脱离了自己在私人生活领域中的实际地位。

对于市民社会和国家的关系,马克思主张应该到政治经济学中去寻找。马克思指出"市民社会"这一名称始终标志着直接从生产和交往中发展起来的社会组织。马克思把社会存在分为市民社会和国家两个方面。市民社会构成了社会存在的物质生活领域，以物质生产活动为主要内容；国家则构成了社会存在的政治生活领域，以政治活动为内容。他指出："物质生产活动的发展是人类历史发展的源泉和动力，是一切人类生活的第一个前提，也就是一切历史的第一个前提。"在市民社会与国家之间，市民社会的成员组成了国家；市民社会的经济基础促成了国家；市民社会的目的和任务呼唤着国家。市民社会是国家决定性的因素，是国家产生的前提和基础。马克思通过对"市民社会"与国家关系的研究，揭示了人类生活和社会结构的两个不同层面的特点和相互关系，由此得出结论：不是国家决定市民社会，而是市民社会决定国家。这标志着马克思在社会历史领域完成了由唯心主义向唯物主义的转变。马克思在揭示了市民社会与国家的正确关系的基础上，进一步把两者的关系提升到经济和政治、经济基础与上层建筑的关系的高度。

黑格尔在《法哲学原理》中对市民社会与国家的分离作

了具体的阐述。马克思继承了黑格尔的市民社会与国家二分的理论，但颠倒了二者的关系，得出市民社会决定国家的结论。黑格尔把"市民社会"限定为在"现代世界"中所产生出来的东西。他认为在希腊人那里，"市民社会"是政治社会的奴隶，并对中世纪的"市民社会"作出了比较多的分析。黑格尔对市民社会概念的界定，主要是为了论证现代国家的产生是市民社会与政治国家相互分离的过程。马克思认为，在中世纪，市民社会的各个等级的全部存在就是政治的存在，他说市民社会各等级作为这样的等级在中世纪也是立法的等级，因为它们当时不是私人等级，或者说，因为私人等级当时就是政治等级。这些政治等级，直接具有政治意义和政治效能。在现代国家中，市民社会从政治等级变成私人等级，从而使市民社会的等级差别完全变成了社会差别，即在政治生活中没有意义的私人生活的差别。这样就完成了政治生活同市民社会的分离。因此，在现代社会中，市民社会和国家分裂为两个不同的、各有其独立的领域，亦即市民社会与政治国家的"二元性"。尽管市民社会的主体与政治国家的主体是同一个主体，但这种主体具有本质上不同的规定，是一种"双重主体"。

马克思在谈到市民社会内部的等级差别问题时,他指出正像市民社会同政治社会分离一样,市民社会在自己内部也分为等级和社会地位,虽然后二者彼此也有一定的关系。享受和享受能力是市民等级或市民社会的原则。他也特别指出了在市民社会中存在着一个"丧失财产的人们和直接劳动的及具体劳动的等级",认为这个等级与其说是市民社会中的一个等级,还不如说是市民社会各集团赖以安身和活动的基础。在这里,马克思还没有用"无产阶级"或"工人阶级"这样的概念来描述这个等级,而依然是从"私人等级"的意义上理解,以说明个人作为私人在市民社会中是不平等的。但马克思同时又认为,这种私人等级内部的差别同样没有政治意义。他说既然黑格尔把整个市民社会当作私人等级而同政治国家对立起来,那么私人等级内部的差别,即不同的市民等级,对国家来说就自然只具有私人的意义,而不具有政治意义。因为不同的市民等级只是一定原则的实现、存在,即作为市民社会原则的私人等级的实现、存在。但是如果必须放弃原则,那么这一原则内部的各种分离对政治国家来说自然就更不存在了。

第三章　马克思市民社会理论的基本内容

马克思市民社会理论是在批判地吸收黑格尔合理内核的基础上建立起来的，在市民社会的本质，政治国家和市民社会的关系以及市民社会与人类解放的问题上，马克思对黑格尔的市民社会理论都进行了深化和发展。

第一节　马克思市民社会概念的辨析

马克思的市民社会既是一个历史性的概念，又是一个分析性的概念。作为一个历史概念，市民社会指的是人类社会发展到阶级利益存在的这个时期，而作为一个分析概念，可以从如下几方面进行把握：

一、市民社会与政治国家

人类社会的发展,公共利益与私人利益之间的矛盾始终贯穿始终。马克思认为,自从私人利益和公共利益产生后,社会就分裂为市民社会与政治国家两个领域。但是,在前市场经济社会中,市民社会与政治国家只是逻辑上的分离,在现实生活中政治国家驾驭着市民社会,整个社会生活高度政治化,市民社会与政治国家间不存在明确的界限,两者是重合的,由此市民社会直接具有政治性质。只有在市场经济条件下,市民社会与政治国家才开始了现实分离,市场经济的发展内在要求私人的物质生产、交换、消费活动摆脱政治国家的干预和强制,成为政治领域之外的自主的经济活动领域,并建立自主的社会组织,由此市民社会才成为与政治国家相对应的现实存在。马克思的"市民社会"指涉及整个市场的私人利益所构成的领域,只是指私人生活中的市场交往活动及其所构成的经济领域,尽管它是全部物质交往关系的基础性领域。马克思在分析资本主义市场经济的剥削本质时,当然会侧重于对私人利益关系的剖析,但是,私人利益的本质和基础并不是它的全部，经济交往关系并不是全部的物质交往关系。

马克思的"市民社会"应该包括两层含义：其一，就马克思所处的时代及其社会批判的对象而言，它特指资本主义社会的经济关系，即资本主义社会；其二，就市民社会而言，它是一般市场经济条件下的经济关系。也就是说马克思的市民社会理论应该有狭义和广义两种含义，我们在研究马克思的市民社会理论的时候，一方面从狭义出发来分析资本主义社会的经济关系；另一方面从广义出发来研究市民社会与市场经济的关系。

二、市民社会与资产阶级社会

"市民社会"这个概念在马克思早期的著述中，也就是在他的历史理论的形成期，具有比较重要的地位。这主要是因为，这个概念对于描述和分析市民社会与国家分离的过程，对于阐释现代资本主义国家的基础、前提和功能，对于揭示市民社会本身的一般特征和内在矛盾性，是非常重要的。而在马克思的历史理论形成以后，特别是在马克思对资本主义的政治经济学研究中,这个概念的使用频率急速下降,甚至几乎销声匿迹。相比之下,马克思更多的是使用"资产阶级社会"这个概念。其原因包括如下:

其一,市民社会概念有利于对市民社会成员作出同质性分析,即把市民社会成员理解为"私人利己主义"的个人或平等地拥有自由权利的个体,包括了资产阶级和无产阶级以及其他一切私人阶层。但这个概念不利于对市民社会的内在差别作出异质性分析,即不利于揭示市民社会内部的阶级差别和对立,尤其是不利于分析无产者阶级的地位、命运和政治意义。

其二,在以资本的统治为核心的资本主义生产方式中,在资产阶级占据统治地位的资本主义社会中,市民社会已经成为典型的"资产阶级社会"。这个社会所推崇的是"交换价值基础上的自由与平等",而不是实质上的或事实上的自由与平等。无产阶级在其中必然日益丧失实质上或事实上的自由与平等。这个内部动态是市民社会概念所不能表述的。因为,在马克思看来,无产阶级争取自由和解放的斗争恰恰是扬弃或消灭市民社会而争取人类解放的斗争。因此,对马克思来说,他的历史理论的立脚点,不可能是"市民社会",而只能是"人类社会"。

当然,这并不是说,"市民社会"这个概念对于理解现代社会的一般特征来说完全没有意义。市民社会作为交换手段充分发达的商业社会或市场经济社会,在概念上它与资产阶级社会是交叉的,而不是重合的。尤其是对当代中国市场取向的改革来说,市民社会的成熟程度直接决定了中国社会主义市场经济体制的完善程度。然而,更为重要的是,在社会主义制度框架中,市民社会的发育是否能够避免"资产阶级社会",也就是避免市民社会的内在差别所导致的贫富分化和阶级对抗,而直接与马克思所设想的共产主义社会接壤。

马克思之所以常常把资产阶级社会替代市民社会,是因为在他所处的时代,市民社会最典型的状态就是资产阶级社会,现代市民社会的基本内涵在资本主义条件下得到了最充分的表露。所以马克思在《德意志意识形态》中说,真正的市民社会只是随同资产阶级发展起来的。因此不难理解,有时为了简洁且充分地说明市民社会的性质,马克思就直接在资产阶级社会的意义上使用市民社会的概念。

资产阶级社会不完全等同于市民社会。马克思说"真正的市民社会只是随同资产阶级发展起来的"或"资产阶级社会是市民社会的典型状态"时,这些论断本身就意味着"市民社会"概念不能完全等同于"资产阶级社会"概念。两者的主要区别是:"市民社会"是一个与"政治国家"相对应的分析范畴;而"资本主义社会"是一种雇佣劳动和资本的关系占主导,资本主义私有制为基础,并且资产阶级与无产阶级的斗争贯穿其始终的社会形态。由此,在一般地探究市民社会与政治国家的关系时,不能用"资产阶级社会"概念取代"市民社会"概念;在讨论非资产阶级社会的政治国家时,"市民社会"概念也是适用的。

三、市民社会与经济基础

市民社会产生于与政治国家的现实分离,私人所有摆脱了共同体,整个商业生活和工业生活开始与国家相分离。马克思在《德意志意识形态》中指出:"在过去一切历史阶段上受生产力制约同时又制约生产力的交往形式,就是市民社会。这个市民社会是全部历史的真正发源地和舞台。"它"在一切时代都构成国家的基础以及任何其他的观念的上层建筑的基础"。我们联系马克思在《〈政治经济学批判〉序言》中对唯物史观的经典表述,这个市民社会的实质就是经济基础,它与生产力的一定发展阶段相适应,它的变更会导致庞大的上层建筑发生变革。作为经济基础,它自然存在于人类历史的一切阶段,贯穿于整个人类历史进程。

市民社会不等同于经济基础。马克思明确指出,市民社会包括各个人在生产力发展的一定阶段上的一切物质交往。它包括该阶段的整个商业生活和工业生活。市民社会这一名称始终标志着直接从生产与交往中发展起来的社会组织。人自身生产,生产自身所需资料的生产。市民社会包括各个人在生产力发展的一定阶段上的一切物质交往。它包括该阶段的整个商业生活和工业生活。市民社会是与政治国家相对应的一个理论范畴,它有利于理解社会结构的巨大分化,因此不能用"经济基础"来完全取代市民社会的概念。

第二节 市民社会的构成要素

生产、私有、分工、交换是构成市民社会的基本要素。

从生产的角度来看，它是以生产力的发展为基础，尤其是指以大工业的出现为特征的近现代社会；从所有的角度来看，它是由体现着劳动与所有相统一的社会产品所有者所组成的世界；从分工的角度来看，它是在广泛分工的条件下社会产品所有者相互补充相互依赖的社会组织；从交往的角度来看，它是一个社会成员彼此交换其所有的交换的体系。

一、生产

市民社会是从物质生产发展起来的社会关系。马克思把生产视为市民社会得以存在的基础。生产是劳动产品被社会成员私人占有并进行交换的前提。因为不进行生产，就不可能有产品，也就不可能出现以劳动产品（商品）为基础的私人所有，也就不可能产生建立在私人所有基础上的商品交换，进而也就不会产生以商品交换为核心的市民社会。生产无疑是市民社会的最基本的构成要素。马克思把人们的物质生产资料的再生产也看作是市民社会最基本的活动，他指出，已经得到满足的第一个需要本身、满足需要的活动和已经获得的为满足需要用的工具又引起新的需要。这种新的需要的产生是第一个历史活动。在马克思看来，物质生产过程不仅是"为了能够生活"即满足生活需要而进行的生产过程，而且是产生新的需要即物质资料再生产的过程，前者与后者相结合，构成了市民社会最基本的活动。

二、私有

市民社会是一个私有者之间互相交换其私人所有而达成的交换关系。私人所有，简称私有，是市民社会构建和存在的基础。马克思对私有做出了三个规定，一是对自然生产条件的占有的关系行为；二是人们在生产活动中形成的相互关系行为，是个人向共同体的归属；三是自己和他人相区别的观念行为，即在观念中和法律中予以承认。确认所有的第一个条件是对外部对象具有占有的状态，并且在与他人交往的行为和观念中明确这一点：自己而非他人是这一外部对象的所有者，同时要求他人也明确并承认这一所有关系。所以，所有本身就意味着私人所有，二者紧密联系。在此基础上，马克思根据是否是以自己的劳动为基础而获得的所有，认为私人所有包括两种类型：其一是以自己劳动为基础的私人所有，即一般意义上的私人所有。这种类型的私人所有存在于简单的商品交换关系中：劳动者占有自己的劳动成果，并将其作为商品与他人进行交换；其得了空前的发展，而且也为人的全面、自由发展创造了条件。其二是以他人劳动为基础的私人所有，即通过剥削制度，占有他人的劳动成果，其是造成人的异化的根源所在。

私人所有具有排他性。它要求在观念上明确地区分自己和他人。由于私人所有的第一个特征而具有排他的性质，私有者之间对对方的身份、地位并不在意，他们所在意的只是对方的私人占有物。同时，由于私有者的目的是把自己的私人所有通过交换转让出去，因此，在进行转让时，对方的身份并不成为重要的考虑因素。排他的私有者之间是相互关联的。私有者为了实现自己的私人利益，必须同社会中其他社会成员建立广泛的交换关系，把自己的私人所有进行转让。

私人所有只有通过交往这样一种社会行为才能实现自己的需要。私人所有从形式上看是具有排他性的私人所有，而实际上则成为被私人切割的社会所有。私人所有就是内含私人性和社会性的矛盾统一体，而恰恰是因为这种既相矛盾又相统一的特性，使建立广泛的交往关系成为私人的必然选择，从而使整个社会变成一个以交往为核心要素的市民社会。通过占有他人劳动而形成的私人所有，即资本主义生产方式中的私人所有。在前一种私人所有中，生产者与所有者是同一社会成员，劳动和所有是统一的；在后一种私人所有中，生产者与所有者不是或不完全是同一社会成员，劳动和所有发生分离。

马克思是私人所有的批判者，他认为否定了资本主义生产方式的共产主义社会应该以扬弃私人所有为前提。马克思之所以批判私人所有，是因为他洞察到在资本主义生产方式下，正是私人对劳动产品的排他所有导致了的资本对劳动的残酷剥夺。但是，他并没有在全部意义上否定私人所有，对于私人所有在促进市民社会的生成、促进社会生产力发展以及推动人类社会历史发展进程上的作用却给予了积极的评价。由此可见，正是私人所有的存在，导致社会成员的分工和交往成为可能，并促使它们发展到一个前资本主义时期所不可及的高度。

三、分工

分工是市民社会存在的前提。分工是指对劳动的细化，一般来说，分工可分为内部分工和社会分工。内部分工指的是在一个生产单位内部，劳动者为了生产同一商品而进行的工艺、工序、工种等不同劳动和劳动过程的分割。社会分工是指劳动者在不同的生产行业、生产部门中对总的社会劳动的分割，每一个独立的生产者都是一部分社会总商品的生产者。

分工必然意味着合作，分工证明了人的共同性和社会本性。分工随着文明的进步而不断细化。马克思早期对一般意义上分工的理解接受了资产阶级经济学家对分工的规定。同当时的资产阶级经济学家一样，马克思把分工当作促进生产率提高和促进普遍交换关系形成的动力。但是，马克思并没有停留在这种水平上，他还从人本主义的角度，把分工看成是人的类本质的完全实现。在马克思看来，人与其他生物不同，人类是一种共同性的存在。个体为了生存，不可能孤立地存在于社会之外，个体之间必须相互依赖、相互配合、相互协作。在马克思看来，分工是"活动本身的相互补充和相互交换",体现了人的类本质。因为劳动是人的本质的实现,那么,基于分工合作的劳动,即结合起来的被分割的劳动,则是人的类本质的实现。在生产过程中,劳动者为了完成一件商品的生产过程,必须彼此交换自己的劳动,把自己的劳动同他人的劳动相结合。同样,如果说人创造世界的劳动体现的是人的本质,那么,社会分工(私人分割的劳动)则使人类共同创造了这个世界。

然而,在私人所有的前提下,体现人的共同性的劳动即"类活动或作为类存在物的活动"呈现出被分割的形式,统一的社会劳动被分割为孤立的、排他的私人劳动,因此,分工却被异化了。不但如此,分工还把劳动者局限在某一个部门或领域,"这种社会活动的固定化"必然造成社会存在中的物役性,使劳动者,尤其是资本统治下的劳动者变为"抽象的存在物",使劳动者成为失去对个人劳动自由支配的片面发展的人。

马克思同资产阶级经济学家之间的一个根本性区别,在于马克思把分工看成一个否定性因素。马克思虽然肯定了他们把分工看成是生产力发展的主要动力,但却对于他们否认分工体系下的劳动实际上成为了异化的劳动给予了否定的评价。在马克思那里，分工是人类不平等的根源，是导致资本和劳动之间分裂以及私有制产生的根本原因。在马克思看来，资本主义生产方式下的分工导致了分配的不公平，导致了社会的贫富两极化，真正的劳动者日益贫困，而资本家却日益奢靡。社会逐渐分裂为工人和资本家两个相互对立的阶级。

尽管如此，马克思并没有彻底地否定分工，相反，肯定了资本主义生产方式中分工的积极意义。马克思把分工的异化看作是人类社会发展的一个必然环节。在马克思看来，因为正是通过分工的发展，个人才获得了独立的地位，并在广泛的交往关系中相互依赖。马克思认为，正是因为分工的发展，物质劳动和精神劳动的分离、城市和农村的分离成为可能，也正是因为分工的发展，人类社会才不断从野蛮走向文明。随着分工的发展，封建专制统治开始瓦解，使近代市民社会得以出现，形成人们之间普遍的交往关系。分工的发展在成为促进人类历史进步的重要力量。同时，在马克思看来，生产力和分工的普遍发展为无产阶级革命提供了实践前提，因为只有生产力和分工的巨大发展，地域性的个人才能被世界历史性的个人所取代。

四、交往

交往，是人类特有的存在方式和活动方式。交往源于物质生产活动，又不仅仅存在于物质生产活动中，它是以物质交往为基础的全部经济、政治、思想文化交往的总和。人的交往活动可以分为两类，一是物质交往，一是精神交往。在物质交往中，又可分为自然物质交往和社会实践交往。而精神交往主要包括科学、文化、教育、艺术、宗教等领域的交往。物质交往是动态过程中的生产关系总体，是指人们在生产、流通、交换和分配过程中的物质交换活动。

如果说马克思把整个市民社会比喻为一座大厦的话，人类的物质交往活动就是这一大厦的基础。正是因为物质交往关系的形成才使劳动者使自己的劳动同他人劳动发生联系，通过劳动成果的交换，人们不仅使自己的劳动成果的价值得以实现，更使被分割的劳动结合成社会的共同劳动，分散的、孤立的个人也实现了新的结合，形成了一个彼此互相联系、又能实现人的共同本质的共同体。正是在这样的意义上，交往被看作是市民社会的基本构成要素，市民社会也因此成为一个广泛交往的体系。在全面考察了马克思对市民社会构成的四个要素的基础上，可以得出结论，马克思所说的市民社会就是一个以生产为基础，以所有尤其是私人所有为前提，通过分工而结成广泛的交往关系的社会组织和体系。

总之，通过以上对生产、私有和分工的考察可以看出，生产是基础，没有生产市民社会就失去存在的基础；私人所有使人在市民社会中变为一种孤立的存在；资本主义生产方式下的分工作为被分割的劳动，把劳动者和劳动固定在某个相对片面的领域，使人只能得到片面的发展。如此一来，私人所有和分工都无法实现人的类本质。而要实现人的类本质，就必须把私人所有结合起来，把被分割的私人劳动统一起来。而实现这种结合和统一的方式就是交往，换句话说，交往是私人所有和分工的结合方式。

第三节 市民社会与国家

市民社会与国家的关系问题是马克思市民社会理论的重

要内容。马克思具体分析了近代社会中市民社会与国家二元分化的原因及其后果,并通过对黑格尔国家决定市民社会理论的批判,得出市民社会决定国家的结论。

一、国家的本质

在《共产党宣言》中,马克思明确地表述了,现代的国家政权不过是管理整个资产阶级的共同事务的委员会罢了。国家是阶级统治的各个人借以实现其共同利益的形式,是该时代整个市民社会获得集中表现的形式。马克思和恩格斯明确地把国家视为一种进行阶级统治的暴力工具,它是社会的特殊利益与共同利益之间矛盾斗争的结果,共同利益与特殊利益相脱离,凌驾于社会之上并统治社会的国家"同时采取虚幻共同体的形式",它掩盖着"一个阶级统治着其他一切阶级"的实质。

国家是经济上占支配地位的阶级维护其统治的暴力工具,是一个阶级压迫另一个阶级的机器,是迫使一切从属的阶级服从于一个阶级的机器。

国家是由许多部件所组成的互相联系的有机整体。国家组织与其他社会组织的主要区别，就在于它有强迫被统治阶级服从国家意志的能力和有行使这种权力的官吏（干部），有实现这种权力的军队、警察、法院、监狱等强制机关，还有供养官吏与强制机关的捐税和国债。

国家不是从来就有的，也不会永远存在下去。它是社会内部矛盾运动发展的结果，是私有制出现、阶级形成后，阶级矛盾不可调和的产物。同样，国家也必然伴随着阶级、阶级矛盾的彻底消灭而自行消亡。这是国家的产生、发展、消亡的客观规律。

在阶级社会中，任何一个阶级的统治都来源于它们的经济统治，而一个阶级的经济统治又必须依靠它的政治统治来维护和巩固，因此国家政权总是属于在经济上占统治地位的阶级。统治阶级的集体意志和力量的表现，一般都是通过国家意志来实现的。奴隶制国家的本质是奴隶主阶级的统治，封建制国家的本质是地主阶级的统治，资本主义国家的本质是资产阶级的统治，社会主义国家的本质是无产阶级的统治。

国家真正作为整个社会的代表所采取的第一个行动，即以社会的名义占有生产资料，同时也是它作为国家所采取的最后一个独立行动。这就是说，一旦阶级冲突不复存在，国家这种特定的镇压和暴力机关就失去了它存在的基础。当国家作为统治阶级管理社会工具的本质不再存在时，国家也就随之消亡了。当国家终于真正成为整个社会的代表时，它就使自己成为多余的了。当不再有需要加以镇压的社会阶级的时候，当阶级统治和根源于至今的生产无政府状态的生存斗争也被消除，而由此二者产生的冲突和极端行动也随着被消除了的时候，就不再有什么需要镇压了，也就不再需要国家这种特殊的镇压力量了。

阶级性是国家的本质特征。在马克思看来，国家是一个与阶级冲突及政治斗争紧密相连的概念，因此，在阶级产生之前和消灭之后都不可能存在国家。马克思对此也有十分清楚的说明：工人阶级在发展进程中将创造一个消除阶级和阶级对立的联合体来代替旧的资产阶级社会；从此再不会有任何原来意义的政权了。因为政权正是资产阶级社会内部阶级对立的正式表现。

二、国家的起源

人类社会在国家产生之前是氏族和部落。由于生产力的不发达，氏族成员的地位是平等的，这时的人类社会不存在阶级。任何一个氏族或部落，都存在着一定的共同利益，如何调和、解决成员之间的冲突和争端，就需要个别成员脱离或部分的脱离生产活动，在其他成员的配合、支持和响应下，实现和维护这些共同利益而工作，这一角色被赋予了某种权力，这是国家权力的雏形。

国家产生的根源在于随着生产力的发展，人类社会出现了阶级分化与阶级利益的对立。马克思认为，在社会生产力发展到一定阶段的时候，就出现了以经济利益为基础的阶级，当一个阶级在谋求本阶级的共同利益的时候，就产生了实现与维护本阶级共同利益的组织机构。国家作为实现和维护阶级利益的组织机构，是生产力发展到一定程度，产生阶级分化与对立的必然产物。恩格斯认为：国家是社会在一定发展阶段上的产物；国家是表示这个社会陷入了不可解决的自我矛盾，分裂为不可调和的对立面而又无力摆脱这些对立面。而为了使这些对立面，这些经济利益互相冲突的阶级，不致在无谓的斗争中把自己和社会消灭，就需要有一种表面上驾于社会之上的力量，这种力量应当缓和冲突，把冲突保持在"秩序"的范围以内；这种从社会中产生但又自居于社会之上并且日益同社会相脱离的力量，就是国家。这是马克思主义理论对国家起源问题的经典论述。

随着生产力发展程度的逐渐提高，在人口密集的地方又形成了各个部落之间的共同利益，同时也产生了不同部落之间的利益冲突，这就要求在更高层次上、更大范围内对共同利益进行分配，对利益冲突进行调和，而利益的分配和调和需要更有智慧、更为强大的组织机构来实施。这些机构作为集体利益的代表，由于在同别的集体利益不断发生冲突的前提下，变得越来越必不可少了。

在氏族社会中，由氏族成员共同选举履行氏族公共事务的人，这些被选举出来的人在氏族全体成员的监督下从事氏族公共事务的管理，他们成为了氏族其他成员的公仆。随着氏族和部落规模的不断扩大，氏族成员不断增多，氏族的公共事务的数量和种类也不断增加，公仆的角色逐步走向专职化，渐渐从普通氏族成员中分离出来。这一分离意味着从事公共事务管理的社会成员即脑力劳动者与从事生产活动的社会成员即体力劳动者之间开始出现对立，他们之间的利益诉求开始出现差异。从事公共事务管理的社会成员不再从事物质生产的劳动，并且他们将氏族部落赋予他们的权力据为私有，进一步地将公共事务的管理体系变为统治社会成员的国家权力机构，也就是恩格斯所说的"起先的公仆在情况有利时怎样逐步变为主人"。因此就形成了不同的阶级，产生了国家。

在马克思看来，随着人类社会的发展，氏族制度已经过时了，它被分工及其后果即社会之分裂为阶级所炸毁，它被国家代替了。马克思认为国家是伴随人类社会的大分工而产生的。人类社会在经济领域经历了三次大分工：第一次社会大分工是畜牧业与农业的分工；第二次社会大分工是手工业与农业的分工；第三次社会大分工是商业与手工业的分工。随着人类社会大分工的实现，社会的阶级结构也发生了质的变化。少数人由于拥有更多的生活资料和生产资料，获得了支配、组织和管理他人劳动并分享他人剩余劳动产品的权力，他们构成了剥削的阶级，而不占有生产和生活资料的劳动者则成为被剥削阶级。由此，在经济领域出现了剥削阶级与被剥削阶级的对立。经济领域的分工导致了政治领域的分工。拥有社会政治管理权力的少数人集团，他们因为履行了社会所必需的公共职能，获得了相应的统治权力，因此构成了社会的统治阶级，这样就产生了统治阶级与被统治阶级的分化。在此情况下，国家取代了氏族部落，军队、宪兵、监狱等强制性机关也应运而生，为统治阶级特权提供了有效的保护。

三、国家的职能

在马克思看来，国家职能具有两重性，即国家具有阶级统治与社会公共事务管理双重基本职能。马克思在论述国家职能时包括两个方面，国家的职能既包含由一切社会的性质所产生的各种公共事务，又包含由各种特殊的因政府与人民大众互相对立而起的职能。由各种特殊的因政府与人民大众互相对立而起的职能就是国家的政治统治职能，而由一切社会的性质所产生的各种公共事务的职能就是国家的公共事务管理职能。

　　国家的合法性就取决于国家对公共事务的管理职能。恩格斯指出一切政治权利起先总是以某种经济的、社会的职能为基础的。政治统治到处都是以执行某种社会职能为基础，而且政治统治只有在它执行了它的这种社会职能时才能持续下去。不管在波斯和印度兴起和衰落的专制政府有多少，每一个专制政府都十分清楚地知道他们首先是河谷灌溉的总管，在那里，没有灌溉就没有农业。马克思指出，只有为了社会的普遍权利，个别阶级才能要求普遍统治，也就是说国家只有履行公共职能，服务于社会成员，统治阶级才能取得统治的合法性。

　　马克思关于国家职能的二重性理论，具体包含以下三层内容：其一，公共事务管理职能为政治国家阶级统治职能奠定合法性基础。马克思列举了英国对印度实行殖民统治的事例。他认为，英国人虽然在印度行使了经济和军事的政治统治职能，但是却忽略了公共事务管理的职能，因此，英国在那里使农业得不到发展，而在落后国家如果农业得不到发展，他们的统治便自然而然衰落下来；其二，政治国家实现阶级统治职能与公共事务管理职能的方式不同。国家阶级统治职能是为专制统治服务的，它主要通过强制或暴力的方式来实现。而国家实现公共事务职能的方式，主要是管理；其三，人类社会发展的进程，是国家阶级统治职能由强大到弱小的逐步萎缩的过程，与此同时，也是国家公共事务管理职能由弱小到强大的逐步扩大的过程。所有的社会主义者都认为，政治国家以及政治权威将由于未来的社会革命而消失，这就是说社会职能将失去其政治。

四、国家与市民社会的关系

黑格尔把国家看成自在自为的现实的最高理性本质，家庭和市民社会则是伦理精神演化的不成熟阶段，是国家的概念领域，国家才是它们的目的，国家决定市民社会，这是黑格尔国家学说的核心部分。马克思继承并深化了黑格尔政治哲学批判思想，肯定他对国家与市民社会的区分，但并不同意他对国家与市民社会关系及克服市民社会的途径的论述。马克思把黑格尔的市民社会与国家的关系，颠倒了过来，即只有家庭和市民社会才是主体，家庭和市民社会是国家的基础。马克思指明了不是国家的理念产生出家庭和市民社会，而是家庭和市民社会把自己变成国家。

马克思对黑格尔颠倒国家与市民社会的关系进行了深刻的批判。他认为是家庭和市民社会本身把自己变成国家。但黑格尔把家庭和市民社会视作国家发展过程中的两个有限性的领域，国家分为家庭和市民社会是一种理想化的状态，因此家庭和市民社会属于国家本质的划分。国家作为精神发展的无限领域，理应决定家庭和市民社会作为有限领域的发展。可事实上，政治国家没有家庭的天然基础和市民社会的人为基础就不可能存在，它们是国家的必要条件。但是在黑格尔那里条件变成了被制约的东西，规定其他东西的东西变成了被规定的东西，产生其他东西的东西变成了它的产品的产品。马克思的社会实践中关于私人利益与国家和法的冲突的事实以及当时思想界的哲学革命（费尔巴哈的唯物主义哲学原则的出现）使马克思坚信家庭与市民社会是天然和人为的基础，它们决定国家的产生及发展。

马克思还利用黑格尔的异化观念分析了国家与市民社会的关系。按照黑格尔的理解，精神在自身发展过程中，外化为具体的事物的环节，那是精神异化并发展自身的必然表现。家庭和市民社会就是国家理念或作为精神的国家在自身发展过程中异化的结果。与此相反，马克思认为国家是家庭和市民社会自身异化的产物。按照黑格尔对异化的理解，马克思可以得出国家是家庭和市民社会内在矛盾运动的结果，是从家庭和市民社会内部产生并对其有强制作用。而不是如黑格尔认定的国家与市民社会之间是普遍利益与特殊利益的差别。此时的马克思已经认识到国家绝不是普遍利益的代表，而是服务于统治阶级利益的。

马克思不仅意识到市民社会对国家的决定作用，还不自觉地分析了市民社会的内部成分——私有财产与国家的关系。在国家政权与私有财产的关系上，黑格尔仍然秉承国家决定市民社会的唯心史观，认为国家支配着私有财产，使其服从于国家的普遍利益。马克思从唯物主义的原则出发，阐明了国家政权的物质基础是私有财产制度。黑格尔把长子继承制说成是国家对私有财产的支配权，这完全是倒因为果，倒果为因，把决定性的因素变为被决定的因素，把被决定的因素变为决定性的因素，表现为长子继承制的私有财产制度是私有财产自身发展的要求,是私有财产得到实现的法律保障,因此,私有财产不但是国家制度的支柱,而且是国家制度本身。国家政权是果,而私有财产是因。

在市民社会与国家的关系上,马克思论述了市民社会处于基础地位的同时,还强调了市民社会内部的阶级差别。而等级差别的认定是源于市民社会内部不同阶级利益之间的矛盾。而这一点马克思可以从社会实践中和前人的论述中得到印证。马克思在为《莱茵报》撰稿期间,经历的农民捡拾枯枝与林产拥有者之间的冲突,以及国家对此冲突所采取的态度,摩赛尔地区葡萄种植者的贫困与管理者对其熟视无睹的事实。这些活生生的利益冲突使马克思明白了市民社会内部不同阶层利益差别的矛盾。而对于市民社会,马克思最初也是在一般唯物主义的意义上,沿袭了资产阶级学者的理解,称之为"物质的生活关系的总和",既然市民社会是各种经济关系的总和,潜在地说明了市民社会内部经济成分的差别的存在。而经济成分的差别的存在意味着不同阶层利益的矛盾的存在。这就必然导致不同阶层之间的利益的争夺。这样,阶级的产生及阶级之间的斗争的存在成为市民社会发展的必然。在既有的几个阶级的对立中,马克思尤其注意到产业等级和劳动等级之间的对立。而这里的产业等级就是资产阶级,劳动等级即为无产阶级。马克思还从人类赖以生存的条件中看到了无产阶级在整个市民社会中的重要性。马克思指出,被剥夺了一切财产的人们作为该社会的劳动的等级,是市民社会各等级生存的基础。马克思从经济利益方面强调了两大对抗阶级的社会地位的对立。

第四节　市民社会与人类解放

实现人类解放是马克思一生追求的社会理想,而这一理想是在马克思深入批判和克服市民社会的基础上形成的。面对现代市民社会中的种种问题和矛盾,马克思展开了深入的批判。马克思在批判市民社会时,找到了理解市民社会的钥匙,提出了消灭市民社会的途径,把克服市民社会与人类解放紧密联系起来。资产阶级革命所完成的政治解放只是完成了市民社会与国家的分离,它并没有解决市民社会存在的问题,也无法解决市民社会与国家之间的矛盾。只有克服市民社会，才能实现人类解放。马克思提出了人的解放的学说，探讨了实现人的解放的现实途径。要真正实现人类解放，首先应该符合社会发展的基本规律，马克思从市民社会理论出发，论述解放能够实现的可能性，只有超越政治解放，才能实现人类解放。实现人类解放不能停留于理论论证，而是要经过无产阶级现实运动才能得以实现。

马克思的人类解放的目标的提出为无产阶级的解放提供了理论上的铺垫，马克思还对承担人类解放任务的阶级作了条件上的限定。同时还提出了金钱异化的概念，这些为马克思完成人类解放的科学论证准备了前期的条件。但是人类解放目标的实现远不止以上思想的生成，需要马克思立足于资本主义的生产条件，剖析社会机体运行的内在机制，在此基础上，对资本主义社会的主要矛盾作出阐释，并因此找到人类解放的可行性途径。

一、人类解放的内容

马克思对市民社会的自我异化作了初步分析。这是马克思最早用"异化"概念描述市民社会的地方。在这里，马克思明确地把犹太精神理解为市民社会精神特质的集中表现，认为犹太宗教的核心教义就是实际需要和利己主义，而实际需要和利己主义也就是市民社会的原则，而实际需要和自私自利的神灵就是金钱。金钱是一切事物的普遍的、独立自在的价值。因此它剥夺了整个世界——人的世界和自然界——固有的价值。金钱是人的劳动和人的存在的同人相异化的本质，这种异己的本质统治了人，而人则向它顶礼膜拜。所以，在利己的需要的统治下，人只有使自己的产品和自己的活动处于异己本质的支配之下，使其具有异己本质——金钱——的作用，才能实际进行活动，才能实际生产出物品。

由于不同文本中涉及的问题不同，马克思所谈的解放内容也不尽相同。在19世纪40、50、60年代的主要文本中，主要提出把人从异化的人的世界中、从异化劳动、雇佣劳动中、从非人的感觉中、从旧式分工中以及从金钱、商品、货币、资本的物的奴役中解放出来的思想。在《法兰西内战》中，马克思综合概括以上内容，进一步把人类解放内容概括提升为经济解放、政治解放、精神解放和社会解放。在19世纪40、50、60年代的主要文本中，主要提出以下解放内容：

第一,把人从异化的人的世界中解放出来。在《1844年经济学哲学手稿》中,马克思指出:人作为一种类存在物,其本质是人在自己的生产、生活等实践活动中结成的一种错综复杂的关系,这种关系的宏观方面就是人与自然、人与社会、人与人自身的关系,这些关系构成人的世界。人的世界本来是一种和谐的关系、美好的图景,但是在现实的资本主义社会中变得对立、冲突,极不和谐。因此,把人从人与自然、人与社会、人与人之间的异化关系中解放出来,恢复其本真关系就成为人类解放的重要内容。

第二,把人从异化劳动、雇佣劳动中解放出来。在《1844年经济学哲学手稿》中,通过批判黑格尔片面强调劳动的积极作用,看不到劳动的消极作用的做法,马克思提出解除异化劳动对人的奴役和束缚、强制和摧残,使人劳动变为自由自觉劳动的思想。在《1857-1858年经济学手稿》中又明确提出,劳动解放就是要消灭雇佣劳动即创造资本的劳动,这一奴役劳动的最高的形式,实现人的自由联合劳动。在《哥达纲领批判》中,马克思进一步重申,劳动解放不单是消灭资本主义分配方式的问题,而是消灭资本主义生产方式和资本主义劳动制度的问题，消除产生的资本主义条件的问题。

第三，把人从非人的感觉中解放出来。在《1844年经济学哲学手稿》中，马克思明确提出，在异化劳动的现实中人的感觉被异化为非人的感觉，即"满足于粗鲁的实际需要的感觉"、只具有限意义的"占有"、"拥有"的无异于动物的感觉、"非社会的人的感觉"，要把被异化的人的感觉变为属人的感觉，只有通过人的感觉的解放才能做到。在马克思看来，人的本质的解放就是人的一切感觉和特性的彻底解放，这个解放从主体来说就是要把个人的被异化的感觉变为属人的感觉、为人的感觉，把社会中的其他人的被异化的感觉变为属人的感觉、为人的感觉，把被异化的社会的感觉变为属人的社会的感觉、为人的社会感觉。这个解放从客体来说，就是把"异己的和非人的对象"变为属人的对象、为人的对象，造就使非人的感觉变为属人感觉的"对象"，把异化的对象变为属人的对象就是要改变对对象的态度，不是把对象看作占有的目的，而是看作"自我享受的对象"。

第四，把人从旧式分工中解放出来。在《德意志意识形态》中，马克思指出，分工导致阶层、阶级的分化，社会差别的产生和扩大，造成人们劳动的分化和利益的分裂，是人类社会不平等的根源；分工还造成个人和社会的异化双重。所以，消灭分工、代之以自觉分工就成为人类解放的重要内容。

第五，把人从金钱、商品、货币、资本等物奴役下解放出来。早在《论犹太人问题》中，马克思就提出：从个人来看，人的解放的实质就是把人从对"金钱"的膜拜状态中拯救出来。在《资本论》及其手稿中，马克思的思想进一步升华，提出把人从商品、货币和资本等物的奴役中解放出来的思想。

二、政治解放的局限性

在《法兰西内战》中，马克思在综合此前解放内容的基础上，高屋建瓴地把人类解放内容概括提升为经济解放、政治解放、社会解放和精神解放。

经济解放至少包括两方面的含义，其一是把人从物质匮乏状态中解放出来。早在《德意志意识形态》中，马克思就指出，当人们还不能使自己的吃喝住穿在质和量方面得到充分供应的时候，人们就根本不可能获得解放，阐释了经济解放在人的解放中的基础作用。其二是把人从雇佣劳动中解放出来。在《法兰西内战》中，马克思把劳动解放上升到经济解放的高度来认识，认为只有通过劳动解放，才能获得巴黎公社的经济基础，并指出生产者的政治统治不能与他们的社会奴隶地位的永久不变状态同时并存。如果公社不从经济上解放劳动人民，它就没有实现的可能，而且会成为一种骗局。公社要成为铲除阶级赖以存在，因而也是阶级统治赖以存在的经济基础就必须进行劳动解放。劳动一解放，每个人都变成工人，于是生产劳动就不再具有阶级属性，不再具有雇佣的性质。

马克思绝不是简单地认同经济决定论，将物质力量奴役人的所谓的客观规律说成是人类社会发展的一般规律，马克思绝不否认人的精神存在的重要价值，恰恰相反，马克思追求的正是人的精神解放。在资本主义社会中，人因为隶属于经济而受到摧残，人成了盲目经济力量的客体，正是这些力量支配着人的生活。一方面，人崇拜自己双手的产物，另一方面，人又把自身变成一个实物。马克思的经济学批判正是要消除这种人与物的颠倒关系。弗洛姆宣称，马克思对资本主义的全部批判，恰恰就是因为资本主义把对金钱和对物质利益的关心变成了人的主要动力，而马克思关于社会主义的概念，正是指这样一个社会，在这个社会中物质利益不再是占支配地位的。弗洛姆把精神解放看作马克思人类解放的目的，无疑是符合马克思本意的。

　　政治解放、经济解放、社会解放一定意义上都是为人的精神解放提供条件，它们仅具有工具价值意义，而不具有目的价值意义，精神解放实际是人的解放的最终目标。精神解放的实质是使人获得自由并得到全面发展。精神解放不是一种单纯意识、观念的精神活动，而是以消除产生意识、观念、精神的土壤或物质基础为前提的，它的目的是使人们摆脱物质条件，如生产力、社会分工和所有制等对人的纠缠；摆脱国家和法，这些相对个人而独立的虚假共同体对人的奴役；摆脱唯心主义、宗教信仰等思想意识对人的控制，从思想贫乏、愚昧无知和各种旧的意识形态中解放出来，人们不再受人、神、物以及错误的思想观念、奴役人的社会制度等等的束缚和压迫。精神解放的目的是使人的生产、生活活动真正成为能使人得到全面发展的、自由自觉的活动。正如西方人本主义马克思主义者弗洛姆所言，马克思的目标是使人在精神上得到解放，使人摆脱经济决定论的枷锁，使人的完整的人性得到恢复，使人与其伙伴们以及与自然界处于统一而且和谐的关系之中。

马克思不仅指出市民社会并不仅仅如国家般定义为政治行为，更包含有更为重要的经济行为，而经济行为更构成了政治行为存在的重要基础。这样马克思就将以往的市民社会理论的"头脚倒置"恢复过来，他指出：事实上，家庭和市民社会是国家的前提，它们才是真正的活动者；而思辨的思维却把这一切头脚倒置。因为家庭和市民社会是国家的真正的构成部分，是意志所具有的现实的精神实在性，它们是国家存在的方式。既然家庭和市民社会是国家的前提，那么单一的政治解放本身就不能被定义为"人类解放"。

在马克思看来人类不能仅仅依靠实现政治解放而达到最终的解放。也就是说，仅仅推翻作为市民社会的政治工具的政治国家是远远不够的，要实现最终的解放一定要通过实现政治解放，进而达到人类解放。因此，人类的解放就不仅仅是针对于某种政治制度的解放，而是针对于某经济关系的解放，"社会从私有财产等解放出来、从奴役制解放出来，是通过工人解放这种政治形式来表现的，并不是因为这里涉及的仅仅是工人的解放，而是因为工人的解放还包含普遍的人的解放。其所以如此，是因为整个的人类奴役制就包含在工人对生产的关系中，而一切奴役关系只不过是这种关系的变形和后果罢了"。

马克思在政治解放的范畴内非常系统、非常完整地阐述了市民社会中的人权问题。他认为由于在现代社会中人的存在的二重化，人的基本权利就相应地体现在两个方面，一是"公民权"，二是"人权"。马克思在这里有意把"人"权同"公民"权区分开来，强调人权中的"人"不是指"公民"，而是指"市民社会的成员"，因而人权就是市民社会成员的权利，是"利己的人的权利"，并强调对于这种人权只有用政治国家对市民社会的关系，用政治解放的本质来解释。

在马克思看来，真正的现实精神是家庭和市民社会，如他所说："家庭和市民社会是国家的现实的构成部分，是意志的现实的精神存在，它们是国家的存在方式。家庭和市民社会使自身成为国家，它们是动力。可是，在黑格尔看来又相反，它们是由现实的观念产生的。把它们结合成国家的不是它们自己的生存过程，而是观念的生存过程，是观念使它们从它自身中分离出来。就是说，它们才是这种观念的有限性。它们的存在归功于另外的精神，而不归功于它们自己的精神"。黑格尔把独立自行的伦理理念看成是真正现实的精神，认为这种精神把自己分为家庭和市民社会这两个有限的领域，目的是"返回自身"，这不过是一种逻辑的、泛神论的神秘主义。

马克思的政治解放不同于资产阶级革命所获得的政治解放。资产阶级的政治解放是相对封建专制的，它完成了政治解放，但人的解放并没有完成。马克思追求的政治解放是旨在人类解放的政治解放。马克思在1871年《纪念国际成立七周年》一文中明确告诉我们，无产阶级获得解放的强有力的政治后盾是建立无产阶级的大军。无产阶级获得解放的主要政治前提是实现国家机关的民主化。无产阶级获得解放的主要政治标志是实现国家政权的人民化，实现实际意义上的人民当家做主。就像巴黎公社那样，由于它"实质上是工人阶级的政府"，是无产阶级解放的政治形式，它积极致力于消除奴役无产者的精神枷锁、经济枷锁和社会枷锁，为无产阶级的精神解放、经济解放和社会解放提供政治保障。

马克思认为，政治解放是有局限性的，不可能是完备意义上的、彻底的人类解放。马克思在《论犹太人问题》中对政治解放作了论述：政治解放在迄今为止的制度内，是人类解放的最后形式，是历史发展的一大进步。人类的解放是实际的解放。表现为摆脱宗教的控制，把宗教从公法范围转入私法范围，此时宗教不代表国家的精神。在实际的国家中，人在有限的程度上，以特殊的形式作为类存在物与他人共同行动。宗教沦为利己主义精神的领域，成了一切人反对一切人战争的市民社会。可见，政治解放并没有消灭人的实际上的宗教观念。从马克思关于政治解放的表述中，我们看到了马克思肯定了政治解放的历史作用，同时也认识到政治解放的局限性。政治解放的积极作用，如马克思所言，实现了政治与宗教的分离，即把"宗教从公法范围内驱逐出去，转到私法范围"。信教成为个人的事。国家摆脱了宗教的精神的枷锁，宗教再也不能借上帝之名无端地愚弄和剥削百姓，教皇、教会的凌驾于一切之上的权利成为愚昧时代的历史。

政治解放在政治生活中表现为封建专制统治被资产阶级统治所取代，在法律上，已明确宣称人的平等自由。而不是如封建社会那样，法律上公然把不同阶层的人确定为不同的等级，并获得相应的经济特权。但是，政治解放的作用毕竟是有限的。其解放的不彻底性表现为政治领域的人的"自由"、"平等"与市民社会中的不自由、不平等形成鲜明对比。"正如基督徒在天国一律平等，而在人世不平等一样，人民的单个成员在他们的政治世界的天国是平等的，而在人世的存在中，在他们的社会生活中却不平等"。因此，政治解放不是全人类的解放，全人类的解放是彻底的、普遍的解放。政治解放所获得的人权是"脱离了人的本质和共同体的利己主义的人的权利"，自由是"孤立的、封闭在自身的单子里的那种人的自由"，"自由人权的实际应用就是私有财产这一人权"；而平等"无非是上述自由的平等，即每个人都同样被看作孤独的单子"。因此，"任何一种所谓人权都没有超出利己主义的人，没有超出作为市民社会成员的人，即作为封闭于自身、私人利益、私人任性、同时脱离社会整体的个人的人"。

三、人类解放的路径与条件

马克思明确地认为资产阶级所完成的解放仅仅是"政治解放",而不是彻底的"人类解放"。从人类解放的观点看,利己主义的人不是真正的人,而是异化了的人(政治天国中的虚幻自由和市民社会中的不自由的对立),利己主义的人只是完成向社会存在的人的过渡环节。因此,人类解放的根本任务就是根除市民社会和国家的矛盾,而"只有当现实的个人同时也是抽象的公民,并且作为个人,在自己的经验生活、自己的个人劳动、自己的个人关系中间,成为类存在物的时候,只有当人认识到自己的'原有力量'并把这种力量组织成为社会力量因而不再把社会力量当作政治力量跟自己分开的时候,只有到了那个时候,人类解放才能完成"。而要实现人类解放的目标,不只是消灭观念中的神(上帝),重要的是消灭现实生活中的神(私有财产导致的人关系的异化),因此,人类的解放不仅仅是理论的批判,重要的是付诸实践的力量。如马克思所说:批判的武器当然不能代替武器的批判,物质力量只能用物质力量来摧毁;但是理论一经掌握群众，也会变成物质力量。

马克思不仅对人类解放完成的标志和实现的途径做了简要的陈述，而且还对实现人类解放的阶级做了分析。这个阶级必须是：第一，"它不拥有任何财产却构成市民社会的实际因素，因而是'非市民社会阶级的市民社会阶级'"；第二，"它被剥夺了一切做人的权利因而具有普遍性质，不要求享有任何一种特殊权利而要求'人权'"；第三，"它必须解放一切社会领域才能最终解放自己，因而是现代社会彻底解体的结果。"这个阶级，作为一个特殊的等级的存在，被称作无产阶级。马克思认识到政治解放的历史进步性，把国家从神学的禁锢中解放出来，但是政治解放并没有实现人类的普遍的彻底的解放，在世俗的世界中，个体把别人当作工具，也把自己当作工具，完全处在物性逻辑的控制之下，这种利己主义的物性逻辑导致自我发展的异化，人被一个莫名的实际的神控制着，马克思指出："实际需要和自私自利的神就是钱，钱是从人异化出来的人的劳动和存在的本质；这个本质却统治了人，人却向它膜拜。"

《〈黑格尔法哲学批判〉导言》一文的直接主题是德

国解放问题。马克思在这里把"市民社会"概念主要用于分析德国解放的实际可能性问题。通过把德国和其他欧洲国家（主要是法国）进行比较，马克思提出了一个问题：德国思想的要求和德国现实对这些要求的回答之间有惊人的不一致，与此相应，市民社会和国家之间以及市民社会本身之间是否会有同样的不一致呢？从这个问题中，我们可以知道，马克思开始注重对市民社会内部差别的分析。在马克思看来，德国的解放不可能通过部分的纯政治革命来完成。部分的纯政治的革命的基础是市民社会的一部分解放自己，取得普遍统治，就是一定的阶级从自己的特殊地位出发，从事社会的普遍解放。而在市民社会中，任何一个阶级要能够扮演这个角色，就必须能够与整个社会混为一体，并且被看作和被认为是社会的总代表，从而使这个阶级的要求和权利真正成了社会本身的权利和要求。但在德国的市民社会中不存在这样一个能够扮演普遍解放的社会等级，因而也就不能通过部分革命来完成政治解放，只能通过彻底的解放、全人类的解放来实现德国解放。

马克思指出，要实现人类解放，必须消除资本主义私有制。共产主义是私有财产和人的自我异化的积极扬弃，是通过人并且为了人而向社会的人的复归。马克思说共产主义是私有财产即人的自我异化的积极的扬弃，因而是通过人并且为了人而对人的本质的真正占有。因此，它是人向自身、向社会的即合乎人性的人的复归，这种复归是完全的、自觉的和在以往发展的全部财富的范围内生成的。这种共产主义，作为完成了的自然主义等于人道主义，而作为完成了的人道主义等于自然主义。

马克思人类解放的经济条件有以下几点：其一，消灭生产资料私有制，实现生产资料公有制，扬弃私有财产，为人的解放创设经济制度条件。私有制是造成异化、物化，雇佣劳动等的根源，只有私有制消灭，才能使社会的生产、交换以及生产方式由异己的力量变为人的社会力量，整个社会才能从异化中获得解放。其二，不断提升社会生产力，创造富足的发展所需的物质生活资料。只有生产力的大力发展，人们物质生活条件有了保证的时候，人类才能走向解放。其三，消灭旧式社会分工，实现自由分工，为人的自由个性的发挥创设直接条件。

第四章　马克思市民社会理论的现代意义

任何一个概念，必然指向特定的描述对象，依据特定的思维方法，蕴含特定的价值目的。因此，一个概念往往意味着一种对象、一种方法、一种价值，而一种主义往往意味一种精神、一种理论、一种制度。无论是在马克思的思想历程中，还是在马克思主义的发展进程中，市民社会是一个重要的理论线索和核心概念。马克思的市民社会理论具有丰富的现代价值，马克思赋予了市民社会以现代意义：它是涵盖一切社会形态的生产关系，当它与上层建筑相对而言的时候，便构成了一切社会形态的经济基础。研究马克思的市民社会理论不仅可以使我们了解资本主义发展的历史，同时也为我们提供了方法论基础，从而能够帮助我们真正读懂马克思主义哲学。

第一节　马克思市民社会理论确立了新的世界观

马克思是在对市民社会的批判过程中，逐步完成世界观的改造，开辟了认识和改造世界的新方法，创立了唯物史观。马克思唯物史观的创立是以对黑格尔哲学批判为起点，逐步深化对市民社会认识的一个过程。期间，马克思从哲学和经济学的角度对市民社会进行了研究，对市民社会与政治国家的关系展开了深层分析。伴随新世界观的确立，马克思提出了"市民社会决定国家"的观点，赋予了市民社会的这一核心概念以崭新意义。马克思在"市民社会"概念的基础上提出了"经济基础"这一核心概念，通过这一概念，使其摆脱了黑格尔哲学和费尔巴哈哲学的影响，创立了唯物史观，深入把握了社会发展规律。

马克思世界观的变革始于其写的《关于费尔巴哈的提纲》。在该著作中，马克思提到了三种理解或把握世界的思维方式：第一是唯心主义地理解世界；第二是旧唯物主义式地理解世界，即直观地理解世界；第三是在感性活动中理解世界。在马克思那里，感性活动就是人的实践，实践是马克思新世界观的核心概念，也是马克思主义哲学的标志。

一、唯物史观

马克思在构建市民社会理论中，始终将人类社会放在历史发展过程当中去理解，始终将社会与人的统一问题放在研究的重要位置。他通过对市民社会的解剖，市民社会发展的动力在于现实的人的实践活动，并以此为基础创立了唯物史观。

历史观是对人类社会发展的基本看法或态度。马克思的历史观是辩证唯物主义的历史观，即用辩证唯物主义的方法来看待人类社会的发展，即我们今天所讲的唯物史观或历史唯物主义。唯物史观的确立，标志着马克思找到了理解社会发展过程的钥匙，同时也意味着马克思哲学作为无产阶级思想武器的真实目的在于改变世界。

马克思将历史理解为通过批判一个旧世界基础上创造一个新世界的过程。在他看来，只有通过研究人们活动的现实前提，才能从中找到建立新世界的条件。在马克思那里，社会历史的核心是"现在"。"现在"是过去与未来之间的现在，它既是以过去为前提的，又是面向未来的。社会历史并不是单纯的过去，而首先是当下正在发生的一切。马克思认为，社会历史是人创造的，我们正在创造社会历史，我们就处于社会历史之中。人的活动不是随意进行的，每一代人的活动都有一个既定的前提，而这个前提又是前人活动的结果，人的活动总是背负着过去。对人的活动来说过去仅仅是制约，因为既定的前提同时也构成这一代人活动的可能性。人们在这一空间中的活动是指向未来的。人是社会历史的动物，因为人并不是存在于某一时间点，而是作为一个双向互动的过程而存在的。人并不静止于现在，他每时每刻都在走向未来。走向未来的运动不是机械的、单纯的时间流逝，它植根于人的积极的实践活动。

马克思的市民社会理论始终是与社会历史的理论联系在一起的。马克思的"市民社会"概念，在外延上不仅仅包括资产阶级社会，而且包括具有市民社会特性的其他社会形态。马克思的市民社会，在内涵上是对各个历史阶段关于私人活动领域的一种理论抽象和概括。他以考察资产阶级社会的市民社会为切入点，从政治经济学的角度，深入分析市民社会，并将市民社会概括为"物质关系总和"，称之为整个人类历史的"真正发源地和舞台"。

马克思的市民社会理论是整个唯物史观的基石。马克思的市民社会理论最终演化为经济基础和上层建筑这一对矛盾，构成了唯物史观的核心内容。唯物史观一方面是马克思对市民社会的当下性的、暂时性的理解方式，把握任何事物都需要从其当下性推断其过去和未来，需要从对当前社会的现实出发、从人们的实践活动出发，以横断面的角度去剖析人的存在；另一方面唯物史观也是马克思对市民社会的普遍性、规律性的理解方式，把握社会的当前状况之后，更需要对历史予以整体的、宏观的把握，才能够更加深刻的理解社会的发展规律。

马克思市民社会理论和唯物史观的统一体现在方法论上。马克思的市民社会理论在方法论上遵循辩证法。即在时间上体现为对当下时代的现代性把握，对资本主义市民社会的批判，在空间上，将对市民社会当下性的把握放在市民社会发展的整个过程当中，把握规律，谋求未来发展。时空统一的辩证法，是理解马克思市民社会理论的关键，更是马克思市民社会理论所体现的思维方式。马克思也赋予了唯物史观以时空统一的辩证法及其统一。马克思对市民社会理论的构建，遵循着时间维度的辩证法，即他对其所生活年代市民社会的典型形态资本主义市民社会的探讨，空间维度的辩证法，对作为所有市民社会的物质关系的总和的探讨。马克思对市民社会从时间维度的辩证法和空间维度的辩证法及其统一的维度上进行理解。这一理解方式不仅能够从客观而非主观的层次上通过理解当前的社会历史运动，从而理解社会历史发展的客观逻辑，揭示出这种历史逻辑背后的物质基础，而且能够从这一思想方式出发赋予唯物史观以时间性与空间性，使其呈现为立体的运动过程。

马克思市民社会理论与唯物史观的一致性还体现在价值论上，即人的自由全面发展和人类解放的终极理想是二者统一的价值论诉求。马克思的市民社会理论是对当前资本主义市民社会的批判，与将其放在人类社会历史进程中审视、把握与建构相统一。也就是说，马克思认为市民社会的内在运作原则即资本主义的本质，是造成人的全面异化的根源。因此，只有深入到市民社会内部，通过对市民社会内在矛盾的扬弃，才能走出资本主义生活全面异化所带来的困境。

马克思发现了市民社会的历史规律，即资本的本性使得人类社会的历史突破了狭隘的自然性而形成世界历史。马克思为市民社会找到了代表它普遍利益和推动历史前进的主体力量，只有无产阶级才能实现历史与逻辑的统一，它是现实普遍利益的经验代表，这个阶级没有自己的特殊利益，它的最终解放是以全人类的解放为基础的。历史和逻辑在无产阶级的实践中得到了统一，它第一次表现为人类的创造性活动，实践作为人的感性物质活动表现为宏大历史画卷的基石，大规模的工业化生产和商品经济使人民群众成为创造历史和推动历史前进的主体力量。历史的基础和动力、历史的规律和方向表明人类有自己的现实和普遍利益，这种利益代表了历史的动力和前进的方向。

马克思唯物史观的创立与市民社会理论的发展紧密相关。从纵向的逻辑上看，马克思唯物史观首先作为一种历史的理论，它必然反映历史主体对于历史客体的依赖和掌握、适应和超越等方面的内在联系和本质，形成了完整的关于社会历史形态演进的发展图式、运作机制及演变规律；从横向的逻辑上看，马克思唯物史观也作为社会的理论和人的理论，始终把作为社会历史主体的人的物质实践活动当成自身逻辑体系和价值体系的出发点，始终围绕着如何有效地提高市民社会中个人主体性的问题来深入探讨整个人类社会历史发展的动力、规律、途径以及趋势等，深刻地阐述了人类历史的发展同时作为人的自觉创造物以及认识评价对象的双重内涵。这样，马克思就自觉地将其市民社会理论与唯物史观理论统一在一起，这是马克思市民社会理论更为深刻的思想理论价值。

唯物史观作为关于人、社会和历史的理论必然应该有其独特的视角，即从人的活动的角度研究社会时间和社会空间。而社会时间在我们看来就是社会在当下的表现形态和表现方式；社会空间则是由诸个社会时间更迭而形成的社会历史过程。因此，唯物史观的社会历史观点表征了社会历史在时间领域和空间领域的辩证发展，这种辩证发展不仅在双方的辩证运动中体现出天然的一致性，更与马克思市民社会所呈现的时间维度的辩证法与空间维度的辩证法具有一致性。

唯物史观所体现的时间维度辩证法与空间维度辩证法的一致性在于：通过人的活动，社会的存在可以转化为历史的存在，历史的存在也表征了社会存在的更迭。正是在这个意义上，马克思指出，时间是人类发展的空间，时间实际上是积极的存在，它不仅是人的生命的尺度，而且是人的发展的空间。这就是说，通过人类的劳动实践，能够使人的生命活动的此刻显现的总和，社会发生深刻的变革，赋予时间以能动的意义。人类的活动虽总是随着时间流逝，但时间并不随这种活动的结束而消失，而是转换成了另一种形式——空间的存在。

二、感性活动

马克思在《关于费尔巴哈的提纲》第一条中提到，以前的一切唯物主义（包括费尔巴哈的唯物主义）的主要缺点，是对事物、现实、感性，只是从客体的或者直观的形式去理解，而不是把它们当作人的感性活动、当作实践去理解。马克思这里明确将人的感性活动与实践并列使用，并且有时就直接说把"感性理解为实践活动"，这充分说明了，在马克思那里,"感性活动"与"实践"在概念上是一致的。马克思有时候称劳动是实践,在他那里的劳动正是感性活动意义上的劳动,而非一般的物质生产劳动。在第五条中马克思又说:"费尔巴哈不满意抽象的思维而诉诸感性的直观,但是他把感性不是看作实践的人类感性的活动。"在第九条中则写道,直观的理解为实践活动的唯物主义。在马克思看来,既不是黑格尔的绝对精神或抽象思维,也不是费尔巴哈的感性直观,而是"人的感性活动"或"实践"才是真正的本体,才是第一个最具明证性的事实。一切事物、现实、感性都只有诉诸于它,都只有在它那里奠基,才能得到正确的理解。所以,这种活动,这种连续不断的感性劳动和创造,这种生产是整个既存感性世界的非常深刻的基础。也就是说,感性世界应被理解为构成这一世界的个人的、共同的、活生生的、感性的活动。

马克思认为应在感性活动中理解事物。对于感性活动应做出两种界定。即作为一般意义上的感性活动,即人与动物差别的作为类存在物的标志性的明证——在改造世界的感性活动中获取自身生存的物质资料。正是在改造世界的感性活动中，人类证明了自身是类存在物。人类自身的生存方式决定了自身的生成，在此基础上，就可以理解上层建筑内部的诸多关系，即国家机器的性质及意识形态的实质。也就会对政治异化做出唯物的解释，同时改变国家性质自然有了可行性的途径，那就是改变资本主义私有制的性质，在生产资料公有制基础上建立起来的国家自然代表全体人民的利益。

马克思的"感性活动"概念，实现了思维和存在统一。在"感性活动"的基础上终结了西方两千多年的意识哲学或理论哲学，既为哲学找到了认识论意义上的现象学基础（感性活动），也赋予了哲学崭新的功能。马克思指出，哲学家们只是用不同的方式解释世界，而问题在于改变世界。马克思的"感性活动"作为思维和存在统一的载体和作为一种新的理解世界的方式，是对西方两千多年的实体本体论的拒斥，实现了哲学观的伟大变革。在马克思那里，感性活动是理解事物的钥匙，只有在感性活动中，事物才得以向主体呈现，同时事物也是感性活动的产物，没有了感性活动，也就没有事物，也就不会有呈现给主体面的对象。

马克思的"感性活动"概念颠倒了黑格尔的"意识"。

人类的思维能动性即对具体或感性的统觉作用只能来源于人类的感性活动，黑格尔的思维能动性所能达到的只是思维规定的具体性，但无法说明感性具体性和多样性的起源，无法创造新的感性，即思维无法创造"非我"的感性，而只能直观和规定既有的感性。在感性活动中，人类不仅获得纷繁复杂的感性的具体的多样性，新的"非我"的感性得以呈现，同时人的抽象的思维能力也在具体的多样性中得以展现。

三、实践

实践是感性活动，是作为实现与确证人的类本质的感性的生命活动，是马克思哲学的第一个理论前提。马克思通过实践赋予人的感性活动以深刻的意义，它不再从人之外寻求人存在的根据，人的本质就在于人的实践性；也不再预设一个存在的本体，追求实体统一性的世界，而是要求实现人与世界、主体与客体的双向否定性的动态统一。

实践是马克思唯物史观的鲜明特征，同时是市民社会的基础。在实践活动中，人不但创造了生存环境和生存条件，也创造了市民社会，创造了人自己。在马克思那里，实践首先是指人的自由自觉的感性活动，即确证与实现人的类本质的感性活动，物质与精神只不过是实践作为一种完整的感性活动的两个内在的固有环节。市民社会作为主体实践活动的结果和前提，其产生和发展的基础都是实践。在马克思看来，实践必然是根据一定的目的，通过运用工具去变革外在对象、创造价值的人的活动。人的首要活动就是物质生产的实践，包括人与自然之间的生产活动和人与人之间的交往活动。

在马克思看来，社会历史不过是追求着自己目的的人的活动而已。社会历史是由人的活动及其结果构成的，不同时代的人们的活动与其结果相互转化就形成历史中的联系。物质生产活动不过是人的自由自觉的感性活动，即真正的实践本体的"假象"，是其"外化的、异化的设定与形式"，它的本体论地位只是在特定范围即异化范围内才有效。

对社会历史的认识实际上是对人的活动的认识。社会历史主体就是人，对象就是人的环境。马克思指出，主体与对象的关系不存在那种鸡生蛋还是蛋生鸡的难题。正是在实践中，主体与对象实现了统一。具体说来，每一个阶段都遇到一定的物质结果，一定的生产力总和，人对自然以及个人之间历史地形成的关系，都遇到前一代传给后一代的大量生产力、资金和环境，尽管一方面这些生产力、资金和环境为新的一代所改变，但另一方面，它们也预先规定新的一代的生活条件，使它得到一定的发展和具有特殊的性质。由此可见，这种观点表明：人创造环境，同样，环境也创造人。

人类的实践活动史或劳动发展史是理解全部人类社会历史奥秘的一把钥匙。正是对社会生活的本质及人类历史的本质赋予了一种实践的理解，也就必然蕴含着对社会历史发展科学原则与价值原则统一的内在根据。在马克思主义经典作家的著作中，对人的实践活动的理解，既不是像费尔巴哈那样，仅仅"从卑污的犹太人活动的表现形式去理解和确定"，即把人的实践活动仅仅看成是一种投机钻营、满足物欲的谋利活动，也不是像黑格尔那样，把人的实践活动仅仅看成是一种精神性的活动，而是把人的实践活动理解成一种感性的物质活动。它既是能动的，又是受动的，是能动与受动的辩证统一。人的实践活动受动性的特点，它决定了人的实践活动首先必须遵循外部客观世界的尺度，即人的实践活动必须首先以客观对象的存在为前提，并受客观对象本身所固有的规律的制约。

实践的具体展开包含着三个方面的活动，一是人与自然的物质生产活动，二是人与人之间的社会交往活动，三是人与自我的精神活动。马克思认为，人们在实践活动中，产生着两种结果，一是对人的外部环境的改造，二是对人自身，主要是观念世界的改造。人们在革命的活动中，在改造环境的同时也改变着自己。生产活动、交往活动和精神生产生成活动在现实的实践活动中往往交织在一起，有时甚至是同一实践的不同侧面。这些活动在实践的二重化结构的矛盾作用下，将社会与个人紧密地联系在一起，使人的存在成为具体的、生动的、开放的存在，自为生成丰富多彩的属于人的世界。

马克思指出，物质资料的生产活动是"第一个历史活动"。人们首先需要解决衣、食、住、行的物质生活问题，才能够去创造历史。人类的第一个历史活动就是生产满足这些需要的物质资料，即生产物质生活本身。所以，必须从直接生活的物质生产出发来考察现实的生产过程，而现实的物质资料生产就是人们现实的实践活动。表现为人与自然的关系的物质活动是人现实的实践活动。正是人的实践活动推动生产力的发展，最终导致生产关系性质的变迁，手推磨产生的是封建主为首的社会，蒸汽磨产生的是工业资本家为首的社会。在此基础上，马克思阐述了生产力与生产关系之间的辩证运动过程，并认为它是推动历史发展的根本动力：一切历史冲突都根源于生产力和交往形式之间的矛盾，生产力和交往形式之间的这种矛盾，每一次都不免要爆发为革命，同时也采取各种附带形式——表现为冲突的总和，表现为各个阶级之间的冲突、意识的矛盾、思想斗争、政治斗争等等。这样，马克思和恩格斯系统阐发在实践基础上作为生产关系的交往形式与生产力之间的辩证运动，对社会基本矛盾在历史发展过程中的作用进行了科学揭示，奠定了唯物史观的基础。

马克思认为，人的实践是一种合规律性的活动。人不仅是一种对象性的存在物，也是一种主体性的存在物。人的实践活动除了合规律性的特点之外，还有一个更为显著的特点，即合目的性。人的实践活动与动物的活动具有根本不同的性质：动物的活动纯粹是一种单纯的适应外部环境的本能活动，因而对于动物来说，外部世界给予它的生存条件与环境是它无法逾越的障碍与限制；而从事实践活动的人在自己的活动中总是力图在遵循外在尺度的同时还按照自身内在的尺度进行活动。

马克思认为，人既是从事社会物质生产和人类自身生产的主体，也是社会联系的主体，人是进行全部人类活动和全部人类关系的本质和基础，而人的本质是自由自觉的劳动实践，因此，实践是人类全部社会关系的本质和基础。马克思强调社会关系不是自生的，而是源于生产活动，也就是人们现实的实践活动的；社会关系就其实质内容而言，乃是一种现实的实践活动。马克思和恩格斯对人们社会关系的发生发展过程进行了深入的研究并指出，社会关系是随着生产和需要的产生与发展而产生并不断发展的。马克思对生产关系的概念进行了系统的概括。分工发展的各个不同阶段，同时也就是所有制的各种不同形式。这就是说，分工的每一个阶段还根据个人与劳动的材料、工具与产品的关系决定他们相互之间的关系。这样不仅市民社会的产生是建立在实践的基础上，市民社会的发展和变迁也决定于社会实践活动，同样唯物史观也以实践为思想基础。

在马克思看来，市民社会看作一种社会形式，认为它是人以其自由自觉的活动，使自身具备优于和高于动物的社会的、实践的、精神的多重规定性，将自身从自然界中提升出来，从而创造满足人需要的现实生活世界。所以，它在本质上体现为人的活动过程，是世世代代人的活动相互联结而构成的，人的实践活动是马克思市民社会理论形成和发展的活的源泉。马克思认为，市民社会不是在人的实践活动之前或之外先定的或预成的，它的发展规律本质上就是人的活动规律。市民社会作为人真实生活着的世界，是以人的真实存在为基础的。而人本身就是合规律性和合目的性统一的存在，市民社会也应体现为合规律性和合目的性统一的特质。

市民社会与实践具有这样的关系：一方面，实践本身蕴涵着社会性和社会关系，我们无法设想被剥离了各种具体的社会性和社会关系的赤裸裸的社会实践；另一方面，市民社会及其社会关系又根源于感性实践活动之中，市民社会不过是人类实践活动借以实现的主要场所，即市民社会不是作为给定的、现成的结构强加于人的生存之中，以一定的方式进行生产活动的一定的个人，发生一定的社会关系和政治关系。社会结构和国家总是从一定个人的生活过程中产生的。

马克思立足于市民社会、立足于市民社会理论的实践基础，阐述了他的历史观，从直接生活的物质生产出发来考察现实的生产过程，并把与该生产方式相联系的、它所产生的交往形式，即各个不同阶段上的市民社会，理解为整个历史的基础；然后必须在国家生活的范围内描述市民社会的活动，同时从市民社会出发来阐明各种不同的理论产物和意识形式，如宗教、哲学、道德，等等，并在这个基础上追溯它们产生的过程。正是通过对市民社会及其社会关系的实践性基础的种种分析，马克思抓住了市民社会的基本属性和本质特征，并以此为基础建立起了唯物史观的理论大厦。

实践基础上生成的生产力构成人类社会历史的基础。马克思揭示了历史发展与建立在实践基础上的生产力发展之间的辩证关系，即历史的发展根源于生产力的发展；离开了生产力的发展，历史就会变成无法说明的东西。同时，马克思用所有制关系来表述生产关系的概念指出，生产关系就是对劳动材料和生产工具等生产资料的所有制关系，以及由这种所有制关系和产品的分配所决定的人们在生产过程中的相互关系。在生产力概念得到深化和生产关系概念得以形成的基础上，马克思和恩格斯运用实践原则首次对生产力与生产关系的辩证运动进行了科学阐述，确立了唯物史观的一个基本原理。他们指出，物质生产活动是第一个历史活动，表现为人与自然的关系，但没有人与人的相互合作，生产便不能够进行，正是在这样的意义上，生活的生产（无论是自己生活还是他人生活）立即表现为双重关系，一方面是自然关系，另一方面是社会关系。社会关系的含义又是指许多个人的合作，至于这种合作是在什么条件下、用什么方式和为了什么目的进行的，则是无关紧要的。基于这一认识，马克思对生产力与生产关系的辩证运动进行了规定，并进一步揭示了这一辩证运动在人类历史发展中的重要作用。

马克思和恩格斯在人的现实实践活动的基础上，实现了对自己从前的哲学信仰的清算，阐发了唯物史观的主要范畴和基本原理，标志着一种崭新的历史观得以确立。他们指出这种历史观就在于从直接生活的物质生产出发来考察现实的生产过程，并把与该生产过程相联系的、它所产生的交往形式，即在各个不同阶段上的市民社会，理解为整个历史的基础然后必须在国家生活的范围内描述市民社会的活动，同时从市民社会出发来阐明各种不同的理论产物和意识形式，如宗教、哲学、道德等，并在这个基础上追溯它们产生的过程。这种历史观和唯心主义历史观不同，它不是在某个时代中寻找某种范畴，而是始终站在现实历史的基础上，不是从观念出发来解释实践，而是从物质实践出发来解释观念的东西。这一阐述清楚地表明，马克思的唯物史观正是在社会实践的思想和现实基础上得以确立的。这种全新的历史观以社会实践作为整个历史的基础和出发点，始终站在现实历史和社会实践的基础上，解释宗教、哲学、道德、法、国家的产生、发展及本质。我们可以看到，马克思市民社会理论是在人的现实的实践活动的基础上，实现人与社会的统一的。因此，实践是马克思市民社会理论的思想基础。马克思的唯物史观更是实践原则合乎逻辑的理论升华和必然结果。马克思对与生产力与生产关系、经济基础与上层建筑等矛盾的揭示，都深深的根植于实践的基础之上。马克思市民社会理论与唯物史观在思想基础上具有鲜明的一致性，即立足于现实的实践活动。

实践活动在发展的不同阶段决定了社会关系的不同性质，世界历史也是实践活动发展到世界性交往阶段的产物。马克思的唯物史观从现在追溯过去，即从发达的高级形态出发，追溯不发达的低级形态。在《资本论》中，马克思由资本主义生产方式从后向前追溯，得到了亚细亚的、古代的、日耳曼的生产方式。马克思的这种认识是服务于、从属于从资本主义现实到共产主义理想，因此后来这种观点被概括为"五阶段"的社会发展模式。

实践活动作为能动的感性活动就是超越主体客体的抽象对立，把人和世界融为一体的过程。在这种意义上，实践本身就具有合目的性和合规律性统一的特征。在马克思看来，市民社会不但作为人们实践活动的结果，更作为人们实践活动的条件存在，必然也具有合目的性与合规律性的特征，即市民社会中的种种实践活动首先应受到自然物因果规律的支配，遵循和符合自然界的客观规律性。同时，自然物的因果规律在人们实践活动的基础上也必然逐渐转化为在自然历史发展过程中主体自由自觉形成的活动规律，而后者就是社会规律的本质。由于人的生活在本质上是实践的，人通过自己的实践活动创造了自己的历史。在创造自己历史的同时，也就创造了社会（市民社会）的发展规律。就人类社会发展的一般规律而言，正是人类从事的生产实践活动，创造了生产关系必须适合生产力性质的规律；正是人类从事的经济活动和政治思想活动以及这两种实践活动的相互作用，创造了上层建筑必须适合经济基础发展要求的规律。因此，社会规律就是人们通过实践创造出来的社会行动规律，即人的社会实践的规律。

马克思眼中的市民社会又是合目的性的，这首先是因为目的是人的头脑中观念地建立起来的预想的实践结果，是抽象的思维活动，贯穿于人的社会实践活动过程的始终。它既是实践活动过程的起点，又表现为实践活动过程的展开和终点。这样，人的实践活动就表现为合目的性的过程，即用头脑中的目的来规约他的行动的式样和方法，使他的意志从属于这个目的。同样，人们要在实践中（具体的感性活动中）实现自己的目的，满足自己的需要，那么在运用物质力量和物质手段作用于客体时，就必须遵循客观规律，选择适当的方式方法。这样，人的活动又体现为合规律性的过程。在实践的基础上，马克思市民社会理论的合规律性与合目的性实现了统一。

马克思市民社会理论的合规律性与合目的性统一体现在作为市民社会主体的人的合规律性与合目的性统一当中。正如马克思所言，人双重地存在着，主观上作为他自身而存在着，客观上又存在于自己生存的这些自然无机条件之中。也就是说，一方面，人具有自然性，人直接地是自然物，人来源于自然，是自然界的一部分；但另一方面，人又具有精神性、超越性，人有自己内在的尺度，人无时无刻不为超越动物地位，超越其生存的偶然性与受动性，向往自由地存在，把自己从动物界提升出来，反思自身行为，为成为真正的人而努力。因此，人就不仅仅是自然存在物，而且是人的自然存在物，也就是说，是为自身而存在着的存在物，因而是类存在物。

历史的横断面即是社会，社会的纵线条即是历史。社会与历史的统一首先表现在，社会与历史都是在人的活动，尤其是在人的物质生产劳动的基础上形成和发展的。社会在本质上说是人通过自己的活动不断创造出来的存在形式，历史在本质上是人通过自己的活动不断地扬弃自己的过去而得到现在，并将扬弃自己的现在而走向未来的历史。因为历史不外是各个时代的依次交替。每一代都利用以前各代遗留下来的材料、资金和生产力；每一代一方面在完全改变了的条件下继续从事先辈的活动，另一方面又通过完全改变了活动来改变旧的条件。社会和历史都是以人的活动的对象化结果的材料、资金和生产力为中介环节的联系。广义地说，是以人创造的文化为中介环节的联系。本质上是人的活动与活动之间的联系，是物化劳动或死劳动与活劳动的联系。没有人的连续不断的活动，也就没有人的社会及其历史。

社会与历史的统一性表现在社会的规律，即历史的规律。社会历史规律的形成与实现，同自然规律的形成与实现相比具有不同的性质。自然规律是自然事物和现象在完全自发的状态下通过相互作用，相互适应而形成的。自然规律的形成与实现是与人的活动无关的，也不是为人而存在的。而社会历史规律则根本不同，它是通过人的活动形成和实现的。社会历史规律虽然体现的是历史发展的必然性，但历史发展的必然性并不是外在于人的、与人分离的，而是包含着人的活动目的和价值目标所在的必然性。社会历史规律既是一种必然性的存在，也是一种属人的存在和为人的存在。从世界历史大尺度的视角上看，社会从低级到高级的历史演进的基本趋势之所以与人的能力的发展和价值目标基本吻合，深刻的原因在于，社会历史的演进是在人的活动的基础上实现的。

第二节　马克思市民社会理论确立了新的批判对象

马克思在构建市民社会理论的过程中，确立了新的批判对象。他提出，资本主义条件下的人，是异化的人，劳动是异化的劳动。市民社会的内在运作逻辑，即资本的逻辑，是造成人的异化和劳动异化的根源。在马克思看来，只有深入到市民社会内部，通过对市民社会内在矛盾的批判和扬弃，才能走出资本逻辑下异化所带来的困境。马克思对市民社会的批判为社会主义从空想到科学奠定了坚实的基础。

一、资本主义

从偶然等价物到一般等价物是一次质的飞跃，从一般等价物到货币又是一次质的飞跃，从货币到资本，更是一次质的大飞跃。在资本主义社会中，货币的角色完成这次质的飞跃，即从最初仅为单纯实现不同商品之间进行交换的流通手段这样一种奴仆的身份，一跃而成为商品世界中的操控一切社会生产、消费行为的上帝的身份。一方面，谁拥有了它，谁就成为了管理整个社会的主人，另一方面，货币实际上又成为了掌控主人的上帝。

货币内在的特点是，通过否定自己的目的同时来实现自己的目的，脱离商品而独立；由手段变成目的；通过使商品同交换价值分离来实现商品的交换价值；通过使交换分裂，来使交换易于进行；通过使直接商品交换的困难普遍化，来克服这种困难；按照生产者依赖于交换的同等程度，来使交换脱离生产者而独立。货币一旦形成就成为统治一切生产与消费行为的东西，货币就成为了资本。资本主义就表现为"看不见的手"的统治。与资本主义社会之前的外在强制性的专制相比，这似乎是一种更加公正的"无人统治"，但是，"无人统治"并不一定意味着没有统治；无疑，在某些特定的情势下，它甚至有可能成为最残酷、最暴虐的统治形式。

资本的逻辑，即资本主义的精神，也是市民社会的运行规则，是金钱至上，一切利益最大化，资本的本性是贪婪、自私，一方面刺激了人的物质欲望和创新动力，另一方面激化了人之间的尔虞我诈和恶性竞争。马克思指出，实际需要、利己主义就是市民社会的原则，实际需要和自私自利的神就是金钱。在货币面前，一切神就要退位，金钱就是最高的神。金钱蔑视人所崇拜的一切神，并把一切神都变成了商品。金钱是一切事物的普遍价值，是一种独立的、绝对的最高存在，它操控了整个世界的运行，包括人类世界和自然界。在这里，金钱成为了人的外在本质，金钱成为了人的异化和劳动异化的最集中的体现。人创造了金钱，但金钱却统治了人，人不得不向金钱膜拜，即马克思所说的"货币拜物教"。

马克思认为，人与人之间的私人对立，是资本主义社会、资本主义生产关系存在的前提。在那里，人不仅在思想中、在意识中，而且在现实中、在生活中，都过着双重的生活——天国的生活和尘世的生活。前一种是政治共同体的生活，在这个共同体中，人们把自己看作社会的玩物；后一种是市民社会中的生活，在这个社会中，人们作为私人进行活动，把别人看作工具，把自己也降为工具。

在唯物史观中，马克思剖析了人类社会的发展历程，分析了分工、生产力、生产关系、经济基础、上层建筑、资本、商品、剩余价值等重要的概念。马克思认识到，资本主义社会就是以"资本"为逻辑的人的存在方式，这一资本主义的人的存在方式表现为，人承受"资本"的奴役。工人在资本主义社会中除了自己的劳动力之外是一无所有的被剥削者，而且最根本的是他被剥夺了生产的主体地位和社会的主人地位，直接贬低为活的有意识的物，他们实质上是依附于资本家的雇佣奴隶。

马克思认为，在资本主义再生产不断扩大的情况下，工人自己的劳动反过来会加深自己的非人的地位。同时工人阶级由于物质财富和现实关系的稀少而必然导致精神财富的缺乏。而资产阶级虽然拥有物质财富，但精神也受到资本的侵蚀而畸形发展，他们的思想观念被资本和利润奴役着。因此，资本主义市民社会中的人的发展有其自身的根本缺陷，只有克服这个缺陷才能达到人的全面发展。

马克思对人们现实生活于其中的资本主义市民社会的批判与对理想中的市民社会的憧憬，构成了马克思市民社会理论现实性与理想性的统一。马克思认为他所生活于其中的市民社会的普遍问题是资本逻辑所带来的必然后果。他形象地描述到，中世纪的俗语"没有无主的土地"被现代俗语"金钱没有主人"所代替。后一俗语清楚地表明了死的物质对人的完全统治。马克思虽然一方面强调现代市民社会的"工业是自然界同人之间，因而也是自然科学同人之间的现实的历史关系"。

马克思对市民社会的批判最终指向通过把握市民社会的普遍规律从而最终达到政治解放基础上的人类解放。从市民社会到人的发展，人的解放理论中，马克思思考问题的方式始终都是立足当下——从资本主义市民社会、资本主义对人的种种异化、资本主义对自由的束缚的反思和批判出发，从而形成对事物发展的规律性认识，寻求克服困境的途径，最终展望马克思关于人的发展、社会的发展的终极理想。这正是马克思市民社会理论双重维度及其统一的鲜明呈现。这样的理解方式是把马克思主义基本理论置于统一的发展序列或统一的思想理论体系中进行理解，在理论形态上提升和深化对马克思主义基本理论和思维方式的理解，同时为我们提供一种理解马克思唯物史观的方法论原则，具有重要意义。

通过对理想中的市民社会的探讨，马克思得出基本结论，真正的市民社会只是随同资产阶级发展起来的，但是市民社会这一名称始终标志着直接从生产和交往中发展起来的社会组织，这种社会组织在一切时代都构成国家的基础以及任何其他的观念的上层建筑的基础。理想的市民社会必然要同生产力发展的程度相适应，并不断伴随着生产力和作为生产力中最为活跃的因素——人的发展而不断发展，因此，马克思在批判现实的市民社会——资本主义的同时，也力求在市民社会的发展变迁的意义上寻求政治解放基础上的人类解放。

马克思从事的诸如宗教批判、意识形态批判、政治经济学批判等针对表征资本主义的市民社会批判的最终目的都是为了实现政治解放和人类解放。马克思认为费尔巴哈过多地强调自然而过少地强调政治。马克思对资本主义市民社会的研究并没有停留在单纯批判的层面上，而是以实践为基础寻求解决这一市民社会内在矛盾的途径。如果没有同制度的内在可能性结合起来的话，寻求社会变迁在实践上就没有什么作用。正是借助于该原则，马克思才使自己与乌托邦主义鲜明的区别开来。

马克思认为市民社会中的"人"是利己主义的人，是脱离类存在的人、异化的人。现代的市民社会是实现了的个人主义原则，个人的存在是最终目的，活动、劳动、内容等都只是手段。在市民社会中，实际的欲求和利己主义是驱动市民社会前进的动力，市民社会从政治中获得解放，意味着市民社会成员仅仅成了利己主义的人。随着资本主义的到来，市民社会与政治国家的"同一"被打破，社会利益被分化为私人利益与公共利益两部分，社会也被分裂为市民社会和政治社会两个领域，社会中的每个人也具有了双重身份，即市民社会的成员与政治国家中的成员。

市民社会与政治国家之间的分裂导致了人的双重生活，这种分裂以及由此导致的人的异化。黑格尔认为在市民社会中，单纯的市场交换只是达到了独立个人之间自主交往关系外在的必然性，在其中，"任性的"个人意志之间的联合是一种把人当作手段的外在联合。这种联合虽然是自由的个人之间的联合，但必然导致人的本质的异化和伦理精神的异化，因而是必须被超越的。对于作为社会存在的人来说，单纯的市场交换关系的确是一种外在性的关系，它与人类社会所需要的伦理关怀之间存在着极大的紧张和冲突，不克服这种紧张和冲突，人类的社会关系就无法达到人的要求。黑格尔的这一观念，不但是对斯密等近代思想家们对"无形的手"的迷信的批判，也预言了马克思从经济出发，从资本主义的内在矛盾出发否定资本主义生产方式的可能性。

二、异化劳动

马克思是通过对异化劳动的批判来把握市民社会本质的。马克思对劳动这一个概念的使用非常复杂。马克思有时在"异化劳动"或"谋生的劳动"的意义上使用"劳动"一词。在马克思看来，劳动对工人说来是外在的东西，也就是说，与劳动者的本质是不合一的，是与劳动者本身相背离的东西；因此，劳动者在劳动过程中不是在肯定自己，而是否定自己，劳动者感觉不到劳动所带来的幸福和愉悦，相反，劳动带给劳动者的是不幸与痛苦，劳动者不能自由地发挥自己的体力和智力，劳动者的身体不断遭受折磨，精神不断遭受摧残。在马克思看来，人在劳动过程中，劳动的外在性质表现在这种劳动不是为劳动者自己劳动，而是为他人劳动，劳动者在劳动中也不属于自己，而是属于别人。对工人来说，"异化劳动"或"谋生的劳动"是外在的劳动，即人在劳动过程中，劳动与劳动者是分离的，劳动是一种被迫的、驱使的，而不是自由的，劳动成为了一种劳动者的自我折磨和自我摧残。

在《1844年经济学哲学手稿》中，马克思认为劳动是人的本质力量的实现，也是人的本质力量对象化的表现，更是社会赖以形成和发展的基础。但也正是这种人的对象性活动导致演变为一种关系，对一切商品的关系，一种对一切商品来说都适用的普遍的关系。

劳动的对象化就是物质生产活动，是人类为了生存进行的首要的基本活动，它只是在受生产力发展程度制约的非人化制度下，才成为异化。在资本主义私有制条件下，劳动者用自己的劳动占有自然界，同时却严重的丧失了生产资料，劳动的异化在所难免。

在马克思看来，在政治解放已完成的国家中，市民社会的利己主义精神成为阻碍人类解放的世俗限制，它使人们在市民社会中又获得了新的类似宗教的异化，即金钱或货币拜物教，这是政治解放所造成的人对物或财富的异化。金钱或货币拜物教的极端形式，就是资本通过对劳动的统治和占有而疯狂地追求自身的增值，从而催生着劳动异化。因此，对政治解放本身的批判就可归结为对以资本主义为代表的市民社会批判，特别是对资产阶级的雇佣劳动制度的批判。这种批判表现为两个方面：一是对资产阶级雇佣劳动制度实质的批判；二是对资产阶级雇佣劳动制度的解体及其向自由联合劳动的过渡的预示。

在马克思看来，通过异化劳动，人不仅生产出他同作为异己的、敌对的力量的生产对象和生产行为的关系，而且生产出其他人同他的生产和他的产品的关系，以及他同这些人的关系。这是市民社会中普遍存在的异化现象。被剥夺了一切财产的人们和直接劳动即具体劳动的等级，与其说是市民社会的一个等级，还不如说是市民社会各集团赖以安身和活动的基础。他所生活于其中的市民社会危机就在于每个人都失去了他的独立自足性而对其他人物发生无数的依存关系。他的每种活动并不是活的，不是各人有各人的方式，而是日渐采取按照一般常规的机械方式。在这种工业文化里，人与人互相利用，互相排挤，这就一方面产生最酷毒状态的贫穷，一方面就产生一批富人。因而在马克思看来，一个受着宗教束缚的人，只有把自己的本质成为异己的幻想的本质，才能把这种本质对象化。同样，在利己主义的统治需要下，人只有使自己的产品和自己的活动处于异己本质的支配之下，使其具有异己本质——金钱——的作用，才能实际进行活动，才能实际创造出物品来。马克思认为这是时代的错误，我们的时代即文明时代，却犯了一个相反的错误。它使人的实物本质，即某种仅仅是外在的，物质的东西脱离了人，它不认为人的内容是人的真正现实，现代的市民社会是彻底实现了的个人主义原则，个人的生存是最终目的，活动、劳动、内容等都不过是手段而已。

马克思是以人的异化与复归来论证人的全面发展的。异化的揭示，马克思正是在对劳动的异化秘密揭示的基础上，理解了经济异化的根源所在，并进而找到了政治异化及宗教异化的世俗基础，此时的马克思为最初的令其迷惑的问题上找到了答案。马克思在破解劳动异化的秘密的同时，也找到了无产阶级解放的道路，并在此后的研究中找到了历史发展过程的钥匙，即市民社会的秘密，唯物史观。

唯物史观的发现，意味着马克思可以从历史的唯物的角度对宗教异化、政治异化、经济异化作出合理的解释。同时对于市民社会为何成为决定国家的力量也在唯物史观的基础上得到了唯物的解读。找到了"感性活动"与市民社会的内在联系，自然就会对"感性活动"与马克思的政治理想之间的逻辑联系给出合理的诠释。资本主义社会"感性活动"异化的秘密在于该社会的市民社会的性质（资本主义生产资料的私人占有制），改变"感性活动"异化的状态，只需要铲除资本主义生产资料私有制，实现全体人民共同占有生产资料，这种公有性质的市民社会决定了国家自然代表全体人民的性质，人的自由全面的发展就会有了经济基础及上层建筑的保障。

马克思提出了共产主义社会的理想，在共产主义社会中，要实现人的全面发展，在资本主义条件下，随着生产的社会化和社会分工的进一步发展，完整一体的产品生产过程被细分为众多局部的步骤或环节，劳动者被束缚于劳动过程的某个局部步骤或环节，虽然在某方面的才能得到比较充分的发挥，但其他方面却得不到发展，这就是资本主义生产关系中，劳动者不断被片面化的、碎片化、单向化的人。共产主义之所以能成为人的全面发展的社会是因为它具有高度发展的生产力，能够为人的全面发展提供充分的物质基础。同时，高度发展的社会化生产使旧式的社会分工为新式的社会分工所取代，使人奴隶般的服从于某种社会分工的模式消失，生产者在劳动的过程中将获得更大的自由与空间。更为重要的是，共产主义的生产关系消灭了代替了特权的是法。

在感性活动中，人类真正实现了自身能动性与世界的客观性的统一。但是一旦将感性活动置于特定的社会形态中，感性活动就不是如马克思最初所言的人类自由自觉的类活动的实现。这种感性活动在资本主义社会中就具体化为工人的劳动的异化，而马克思就是在破解劳动异化秘密（市民社会私有制的性质）的基础上，得到工人解放的途径，并在其后的继续研究中得出了市民社会在社会有机结构中的重要作用，给出了唯物史观的历史发现。

第三节 马克思市民社会理论确立了新的价值理想

马克思市民社会理论，蕴含的价值理想是在实现人的自由、全面的发展，而马克思唯物史观的价值理想则在于寻求共产主义替代资本主义，从而实现人类解放。人类解放与人的自由、全面发展在本质上是一致的。因此，我们可以说，马克思市民社会理论与唯物史观在价值理想上是一致的。

一、政治解放

政治解放是与市民社会相联系，它是对市民社会从中世纪到资本主义时期的转折所做的理论上的概括与表达。在中世纪，市民社会与政治国家是融为一体的。在资本主义时代，市民社会与政治国家相互分离，这不是自发实现的，而是通过资产阶级政治革命实现的。

近代资产阶级革命是一种政治解放，政治解放一方面把人变成市民社会的成员，变成利己的、独立的个人，另一方面也把人变成公民，变成法人。资产阶级革命把一切旧的经济形式以及与之相适应的市民关系、政治制度粉碎了，但并没有从根本上解决生产力的问题。因此资产阶级革命是有限的，政治解放并不能克服市民社会的缺陷。政治解放对于人类文明的进步，无疑是一个重大的跃迁，具有深远的历史意义。

马克思通过对市民社会的批判，将人类理想中的政治解放、社会解放和人类解放定格在了市民社会的未来发展形态上。这样市民社会不但是人实现自由和全面发展的必然基础，更是实现自身全面解放的必要因素。

马克思认为，任何解放都是把人的世界和人的关系回归于人本身，从而实现人的自由与全面发展。在马克思看来，政治解放实现的是对市民社会的超越。马克思的政治解放，是指人从出身、身份、等级、地位、能力、职业等差别中解放出来，实现在政治生活中获得平等地位的过程。在马克思看来，在封建专制制度下，这些人的自由受到人们的出身、身份、等级、地位、职业、能力等的限制。近代的政治解放就是封建专制制度的灭亡、封建统治者的权力所依据的旧的市民社会的解体以及市民社会的政治性质的消灭，从而使得资产阶级在政治和经济上取得统治地位；政治解放就是资产阶级个人主义精神与利己主义欲望的张扬与迸发；从个人与政府关系的角度讲，政治解放的直接结果就是市民社会和政治国家的分离，以自由、平等、财产、安全为基本内容的资产阶级人权得到政府的承认和保护并制约着政府的决策。

马克思提出，旧哲学的基础在于市民社会，新哲学的基础在于人类社会。马克思那里的市民社会，不仅是传统社会解体的产物，同时也是一种新的社会形态的经济基础，而这种经济基础不仅使社会上的个人之间处于相互分离的原子状态，而且使社会陷入阶级之间的对抗。马克思把克服市民社会的内在矛盾与实现政治解放紧紧地联系起来，在他那里，超越市民社会是摆脱困境、实现解放的一条必由之路。

马克思的市民社会理论从哲学领域的"市民社会决定国家"为开端，经由经济学领域的研究深化实现了对近代市民社会理论（主要是黑格尔市民社会理论）的超越，然后又借助经济学研究的成果使之升华到哲学的高度，从直接生活的物质生产出发来考察现实的生产过程，并把与该生产方式相联系的、它所产生的交往形式,即各个不同阶段上的市民社会,理解为整个历史的基础,然后必须在国家生活的范围内描述市民社会的活动,同时从市民社会出发来阐明各种不同的理论产物和意识形式,如宗教、哲学、道德等,并在这个基础上追溯它们产生的过程。

从西方历史的演进来看,市民社会无疑是一种历史的进步,它推动了人的自由发展,但这种18世纪的"自由"、启蒙的"自由"、现代的"自由"或者说政治的"自由"是有其局限性的。"自由人的联合体"是马克思心目中的理想社会。马克思对市民社会的探讨,就以批判的反思精神力图为人们寻找新的精神家园。

在《论犹太人问题》中,马克思针对鲍威尔关于犹太人问题所发表的看法,分析了政治解放的局限性。在马克思看来,在以往人的解放理论中,任何一种人的都没有超出利己主义的人,没有超出作为市民社会的成员的人,这样的人是封闭于自身、私人利益、私人任性、同时是脱离了社会整体的个人。那样的人不是类存在物,相反地,类生活本身即社会却是个人的外部局限,却是他们原来的独立性的限制。把人与人之间唯一纽带是天然必然性，是私人需求和利益。

马克思的市民社会理论内在地包含着关于市民社会的政治超越学说。他在批判旧唯物主义和创立新唯物主义的过程中，科学的区分了它们各自产生的基础。他说，旧唯物主义的立脚点是市民社会，而新唯物主义的立脚点则是人类社会。由此出发，马克思提出并讨论了市民社会的政治超越问题，明确指出了社会解放和人类解放是市民社会政治超越的唯一正确途径。因此，马克思从对市民社会的研究向人类社会的研究的转变也伴随着以下的转变，即从政治批判到政治经济学批判、从对政治解放的寻求到对人类解放的追求。

二、人类解放

近代的资产阶级革命把人从封建专制和宗教蒙昧的枷锁中解放出来，并从哲学上确立了"人就是目的本身"、"人就是人的最高本质"的终极价值准则。然而，资产阶级革命既没有彻底摧毁宗教枷锁，也没有实现真正意义的人类解放。

马克思在思考从政治解放向人类解放过渡这一问题的过程中，提出了"社会解放"这一概念。马克思提出的"社会解放",既不同于"政治解放",也不同于"人类解放",它是马克思关于从政治解放到人类解放这一发展过程中的一个必经的中间环节。马克思认为,人类解放是政治解放的继续和完成。马克思在提出以人类解放来取代政治解放的主张的同时,他也清醒地认识到,人类解放是一种历史活动,受社会历史条件的制约,人类解放也就不是一蹴而就。

马克思市民社会理论价值理想在于为了人的自由、全面发展,马克思唯物史观的价值理想是人类解放,而人类解放以实现人的自由、全面发展为终极性目的。在马克思那里,市民社会理论与人类解放理论是一致的。人的发展决定了市民社会存在的方式和状态,市民社会作为政治国家和一切上层建筑的基础性地位又决定了解放必然要从政治解放走向人类解放。在马克思看来,由于现实的人正是在市民社会中被夺去了人的类本质、夺去了共同性和普遍性的利己主义的人。因此,实现人类解放就表现为市民社会中的对人的异化的克服与超越。

在马克思看来,人类社会是对市民社会的扬弃。马克思赋予"市民社会"概念以新的内涵,用在任何社会形态中都存在的、受生产力决定并与生产力相互制约的"交往形式"来界定"市民社会"。既是对资产阶级社会的生产关系与交往关系的摒弃，也是对一切旧的生产关系与交往关系的基础的扬弃。它也是对以往一切社会的私有制基础的扬弃，对人的异化状态的扬弃。

在马克思看来，政治解放是人类解放一个阶段。马克思区分了政治解放与人类解放，他指出它们是人类解放的两个不同的阶段，政治解放并不等于人类解放。马克思认为，政治解放是带有资产阶级局限性的"社会解放"，而人类解放则是彻底的、普遍的"社会解放"。马克思认为，政治解放尽管不是人类解放的最后形式，但在迄今为止的世界制度内，它是人类解放的现实的、实际的形式。马克思所指的人类解放包含两个相对分立的层面：个体主体层面（个体的经验生活和活动成为类生活、类活动）与社会层面（形成社会力量，实现人的个体本质和类本质）。社会解放明确要求不再把社会力量当作政治力量，这意味着在真正的民主制中政治国家就消失了。国家之所以异化为会普遍利益、类生活，根本原因在于政治国家不得不重新承认市民社会，恢复它，服从它的统治。市民社会与政治国家的分离是相对的，它们之间的联系才是绝对的，这种联系体现在市民社会决定政治国家。由此，社会解放的关键就在于克服市民社会，即把市民社会从唯利是图的、金钱本位的、相互敌对的个人世界改变为人的类生活场所。

在马克思看来，宗教解放是一种政治解放。马克思说，人把宗教从公法领域驱逐到私法领域中去，这样人就在政治上从宗教中解放出来。宗教不再是国家的精神，因为在国家中，人虽然是以有限的方式，以特殊的形式，在特殊的领域内，是作为类存在物和他人共同行动的；宗教成了市民社会的、利己主义领域的、一切人反对一切人的战争的精神。它已经不再是共同性的本质，而是差别的本质。它成了人同自己的共同体、同自身并同他人分离的表现。

马克思用毕生的时间、精力、智慧投入到了人类解放的伟大事业中去，他通过对资本主义社会的批判，试图把人从异化的、被奴役的状态中解放出来，并实现人的全面、自由的发展。青年马克思在《青年选择职业时的考虑》中说到，在选择职业时，应该遵循的主要指针是人类的幸福和我们自身的完美，人只有为同时代人的完美、为他们的幸福而工作，才能使自己也达到完美。如果一个人只为自己劳动，他也许能够成为著名的学者、伟大的哲人、卓越的诗人，然而他永远不能成为完美的、真正伟大的人物。如果我们选择了最能为人类福利而工作的职业，那么，重担就不能把我们压倒，因为这是为大家作出的牺牲；那时我们所享受的就不是可怜的、有限的、自私的乐趣，我们的幸福将属于千百万人。带着这样的人生理想和奋斗目标，马克思重新理解了社会历史，起草了人类社会的新篇章。

从政治上获得自由的就陷入了新的束缚中，从而使得从封建社会解放出来获得的自由和平等只具有形式上的意义。马克思指出，市民社会和政治国家的分离必然表现为政治市民，即公民脱离市民社会，脱离自己固有的、真正的经验的现实性，因为作为国家的理想主义者，公民完全是另外一种存在物，他不同于他的现实性，而且是同它对立的。

马克思市民社会理论揭示市民社会与政治国家的真实关系，探讨与市民社会相关的政治、国家、法律等，是为了探讨造成不合理现实的根源；其追问市民社会的本质，是为了揭示资本主义市民社会的不合理，批判地考察个人与他的现实生存条件，从而指出个人终将从现存的生存条件解放出来，经历一个自然历史过程，达到自由个性的现实道路；他研究市民社会中现实的哲学、艺术、宗教、道德等，目的是想用它们按照"人道"、"理性和自由"的法则来改造世界，使人从各种奴役、束缚和各种内在的、外在的、自然的、社会的压迫下解放出来，走向全面的人，实现人的自由个性；他集中精力通过政治经济学进行市民社会的批判与建构，是为了寻求消除不合理现实根源的方法。

马克思关注的是自由如何真正实现的问题。他诉诸于人类的解放，在历史的终极意义上，马克思试图寻求形式自由与实质性自由之间的内在一致性，达到自由的权利与能力的同时解放和占有。更有意义也更为重要的是马克思致力于揭示使这两种自由之间达到可能的历史基础。

市民社会作为生产关系的总和，一旦成为生产力发展的桎梏，市民社会就应该被扬弃和超越，而这应该诉诸于人类的解放。人类解放是对以往一切社会的私有制基础的扬弃，是对市民社会经济意义的扬弃，进而是对一切旧的生产关系和交往关系的扬弃。只有在这个过程中，市民社会才能克服因私有制而可能导致的利益争夺和利益冲突，走向真正自由人的联合体。

马克思看到市民社会不仅是传统社会解体的产物，也是一种新的社会形态的经济基础，但是，它不仅使社会上的个人之间处于相互分离的原子状态，而且使社会陷入阶级间的对抗。在马克思看来，市民社会的出现无疑使社会发展赋予了现代性，但伴随市民社会发展而产生的政治解放的结果只是资产阶级获得了解放，它并没有彻底解决市民社会的问题，市民社会的革命实际上是资产阶级革命。

马克思指出要真正地颠覆现代市民社会与国家，就必须从政治解放转向社会解放，以"自由人联合体"实现对资本主义市民社会与国家的超越，从而建构真正的市民社会。这样将市民社会理论放在政治解放、社会解放和人类解放的意义上进行探讨，就构成了马克思市民社会理论的又一重要内容。而政治解放、社会解放到人类解放的过程暗含着马克思解放理想所具有的批判性和超越性、理想性和建构性的统一。在某种程度上，也应是马克思市民社会理论双重维度的延续。

三、共产主义与自由人联合体

在马克思看来，共产主义的实现是人类解放实现的前提。只有实现共产主义，才能实现人类解放，也只有实现共产主义，才能实现人的自由和全面发展。马克思通过对市民社会的反思寻找到了人类解放的正确途径。在市民社会私有财产制度下，人的现实的片面性遮蔽了人的本质的全面性。马克思所从事的市民社会批判，就是通过对现实社会中以商品拜物教和货币拜物教为特征的资本主义种种异化现象的揭露和批判，把握资本主义社会和人类社会发展的本质和规律，以实践改造的方式致力于实现他所理想的"自由人的联合体"的新社会。

马克思指出，相对于人类解放而言，工人阶级知道，他们必须经历阶级斗争的几个不同的阶段。他们知道，以自由的联合的劳动条件去代替劳动受奴役的经济条件，只能随着时间的推进而逐步完成（这是经济改造）；他们不仅需要改变分配，而且需要一种新的生产组织，或者毋宁说是使目前（现代工业所造成的）有组织的劳动中存在着的各种生产社会形式摆脱掉（解除掉）奴役的锁链和它们目前的阶级性质，还需要在全国范围内和国际范围内进行协调的合作。

马克思所希望通过市民社会批判把握市民社会发展规律，从而为之奋斗的理想中的市民社会的一个重要规定就是要确立"有个性的个人"，实现人的自由而全面的发展。马克思通过对市民社会批判揭露了劳动异化的真相，劳动的异化导致人的异化及片面发展，从而为实现人的全面而自由发展提供了现实的基础。可以说，一部市民社会史，就是人类追求自己的自由本质、主体价值，并最终求得人的自由而全面发展的历史。

人类解放会使人分裂的社会生活重新合二为一，分裂的人也重新合二为一。这两个"合二为一"实际上就是消除人在市民社会中的私人存在，即个体存在和人在政治生活中的类存在，也就是说，社会存在的矛盾，就是克服个人在市民社会中的异化。人类解放，一方面人通过消灭财富集中于少数人而大多数人一无所有的两极分化现象，而实现对自身的利己主义倾向的改造，使每个人都具有保障自己生存、活动、享受和发展的物质基础，从而联合起来进行创造性的活动。另一方面是实行以普选为形式的民主制度实现对由人的共同参与所形成的政治国家的改造，以此消除国家对个人的限制和束缚，使市民社会的个人得以实现彻底的没有矛盾的人类解放。

马克思认为，单独个人的解放程度与世界历史的发展程度是一致的，只有普遍交往的发展才能有普遍的全面的个人的生成。私有财产和雇佣劳动制是造成异化的根源所在，那么通过革命摧毁私有财产和雇佣劳动制是实现解放的根本手段。资本主义条件下，生产力以私有制力量而使个人丧失了一切现实生活内容，成了抽象的个人，使无产阶级完全丧失了一切合乎人性的东西，甚至完全丧失了合乎人性的外观，成为一个被彻底的锁链束缚着的阶级。因此，革命无疑是无产阶级非人处境、现实压迫性生活结构本身所必然激起的反抗。

马克思构想了人的一种理想存在状态，即人以一种全面的方式，也就是说，作为完整的人，全面占有自己的本质。它是通过人并且是为了人而对人的本质的真正占有。因此，它是人向自身的复归，是人向社会的人的复归，这种复归是完全的、自觉的，而且保存了以往发展的全部财富的。

马克思认为，必须以现实世界的现实手段才能实现真正解放。"解放"并非诉诸"自我意识"来消解世俗压迫，也不是把"人"从抽象的词句的统治下解脱出来。"解放"是一种历史活动，是由历史关系、由人们整体的历史生活状况所促成的。换言之，人是以活生生的社会实践力量为自己打开"解放"之门的。马克思认为，在颠覆旧的一切奴役性的制度之后，应该重构一种以自由人自主联合为基础的社会，即"自由人的联合体"，它建立在个人全面发展和他们的共同的社会生产能力成为他们的社会财富这一基础上，它以"各尽所能，按需分配"、"每个人的自由发展是一切人的自由发展的条件"等作为社会运行的基本原则。

在马克思看来，私有财产的积极的扬弃，是作为对人的生命的占有，是一切异化的积极的扬弃，是人从家庭、宗教、国家等向自身即社会的存在的复归。马克思认为，只有当现实的个人同时也是抽象的公民，并且作为个人，在自己的经验生活、自己的个人劳动、自己的个人关系中间，成为类存在物的时候，只有当人认识到自己的原有力量并把这种力量组织成为社会力量，因而不再把社会力量当作政治力量跟自己分开的时候，只有到了那个时候，人类解放才能完成。马克思指出，要实现人类解放，必须消除资本主义私有制，无产阶级若不能实现社会解放，就不可能解放自己，而无产阶级自身的解放同时也意味着整个社会的解放。

在马克思看来，尽管公社还只是一种社会解放的形式，还不是彻底的人类解放，但是，公社所确立的无产阶级民主原则、监督原则以及公有制与劳动解放原则，对于消除社会经济关系与政治关系的异化，使人们能够成为自然界的主人以及自己社会关系的主人，最终实现人类解放，是必不可少的。

在马克思看来，民主作为一种国家制度原则，还不是人类解放的最后实现。民主是实现人类解放的必要条件而非充分条件。在马克思看来，公社在本质上仍然是一种阶级统治，只要阶级统治还存在着，真正的人类解放就没有实现。或者说，公社还是经济上获得解放抑或是社会解放的政治形式。这就是公社——社会解放的政治形式，把劳动从垄断着劳动者自己所创造的或是自然所赐予的劳动资料的那批人膺取的权力（奴役）下解放出来的政治形式。正如国家机器与议会制只是统治阶级进行统治的有组织的总机构，只是旧秩序在政治上的保障、形式和表现，而不是统治阶级的真正生命。公社不是工人阶级的社会运动,也不是全人类复兴的运动,而只是有组织的行动手段。公社并不取消阶级斗争,工人阶级正是通过阶级斗争致力于消灭一切阶级,从而消灭一切阶级统治。

实现人的自由全面发展是马克思的不懈追求与美好理想,也是人类解放的最终目标和归宿。人类解放是马克思理论体系的终极价值,是一个不断地消灭被奴役的现状,逐步实现人的自由发展和全面发展的过程。自由发展和全面发展是实现人性回归的两个不同方面。人的自由发展指的是人的超越性及人所获得解放的程度,而人的全面发展指的是人的丰富性及人所获得的解放的广度。人的自由全面发展,只有在共产主义社会形态中才能够真正得以实现。

马克思对人类解放的追求,体现了理想性与现实性的一致。马克思那里的人类解放并非是虚无缥缈的彼岸世界,并非是一种无法企及的目标理想。马克思的人类解放是真正的立足于人们的现实生活、立足于人们的市民社会、立足于人们的实践活动。马克思的人类解放,将人的发展、社会的进步合为一体,人类解放的理想性因有现实性因素而具有了实现的基础,人类解放的现实性因有理想性因素而注入了活力。

第五章　马克思市民社会理论在当代西方的发展

马克思主义的生命力在于不断的创新，马克思的市民社会理论只是对人类历史发展规律的阶段性的建构，历史的车轮永不停息，市民社会理论会伴随历史的脚步而不断变换。当代西方马克思主义代表人物葛兰西和哈贝马斯，是继马克思之后沿着马克思市民社会理论的基本思想，不断开拓市民社会研究领域的当代思想家。他们根据当代资本主义社会发生的新变化，转换了市民社会研究的新视角，在更广阔的视野中进行着市民社会理论的构建。

第一节　葛兰西的市民社会理论

安东尼奥·葛兰西（1891—1937）是意大利共产党领

袖，是西方马克思主义理论的创始人之一，被公认为西方马克思主义的早期主要代表人物之一。其因领导意共从事反法西斯斗争而被捕入狱。在狱中他冷静而理性地总结了欧洲革命的失败与教训，写出了著名的《狱中札记》，对"市民社会"作了独特的理解，既不同于黑格尔的市民社会，也不同于马克思的市民社会。第二次世界大战结束后，市民社会的概念由于葛兰西的著作而再度风行。尽管葛兰西关注的是权力独裁问题，他的著作对20世纪七八十年代人们反对东欧和拉美各种政治形式的独裁的斗争产生了巨大的影响。

一、葛兰西的"市民社会——政治社会"

葛兰西在《狱中札记》中，提出了著名的"市民社会——政治社会"理论，试图解释这样的一种现象，即在资本主义社会中一些成员一方面主张维护资本主义经济制度，但是另一方面却主张推翻资产阶级的政治统治和文化统治。葛兰西在该理论中提出了一个重要观点，他认为国家等于市民社会加上政治社会。所谓政治社会，指的是由政府、军队和司法部门所构成的强制性的国家机构，即传统意义上的国家，行使的是保卫、惩罚、监控、管理等强制性职能，而市民社会则是由非政府组织，如社团、工会、教会、行会和学校等机构组成，行使宣传、教育、感化、服务的非强制性职能。市民社会与国家相辅相成，共同构成了强大的"霸权"统治。葛兰西的这一理论，标志着西方市民社会理论的一个新的转向，即从经济领域转向了文化领域，开创了市民社会文化讨论的先河。葛兰西市民社会理论的开创性在于，明确地把市民社会归属于上层建筑领域。在葛兰西那里，国家是政治社会和公民社会的综合体。这种定义的国家概念把文化作为国家控制的一个公共领域。

葛兰西之所以将市民社会不再看成是经济基础，而是将它看成是上层建筑的一部分，主要原因是他认为在当代西方，国家的统治已经不仅仅是靠强制性的暴力来维持，相反，它主要是通过对市民社会的文化渗透与控制来获得，国家与市民社会交锋的领域也相应地从经济转向了文化意识形态。因此，在葛兰西看来，市民社会和国家争夺的不再是经济自由权，而是所谓的文化领导权。葛兰西与马克思的市民社会思想既有共同点又有差异性。葛兰西与马克思一样，在把市民社会视为一种决定性要素。葛兰西与马克思的差别在于，后者认为对市民社会的理解应该到政治经济学中去寻找，前者认为应该在上层建筑的范围内来把握市民社会。显然，葛兰西背离了马克思的市民社会思想，但是他对马克思市民社会理论进行了一些有益的补充，尤其是针对马克思之后的机械经济决定论有一定的纠偏作用。

二、葛兰西的"意识形态文化领导权"

葛兰西从文化传播的角度界定市民社会的。他认为市民社会是制定和传播意识形态，特别是统治阶级意识形态的各种私人的或民间的机构之总称，包括教会、学校、新闻舆论机关、文化学术团体、工会、政党等。他认为市民社会是资产阶级意识形态领导权得以实现的根本途径和载体。西方发达资本主义国家在发生严重经济危机之时，却没有形成相应的无产阶级革命，其原因之一就在于资产阶级已经不再是简单地利用国家机器进行武力强制，而是成功地运用意识形态的优势来获取大多数人的"同意"，获得了统治"合法性"。他认为，在西方资本主义国家中，上层建筑中的"市民社会"起着比"政治社会"更重要的作用。

葛兰西在对"市民社会"独特理解的基础上,提出了无产阶级必须掌握意识形态文化领导权的观点。在他看来,存在着两种不同的领导权,一种是文化上的领导权,即意识形态的领导权,另一种是政治上的领导权。前者是对应于"市民社会",后者则对应于"政治社会"。葛兰西认为,政治领导权比起意识形态的领导权更为重要,尤其是在东方专制国家。但在西方,情况正好相反,意识形态领导权起着更为根本的作用。西方国家拥有掌握"市民社会"的领导权即意识形态领导权,是掌握"政治社会"领导权即国家领导权的先决条件。因此,在葛兰西看来,无产阶级革命的成功,关键在于夺取意识形态领导权。

葛兰西进一步认为,统治阶级对被统治阶级的统治,不是建立在统治阶级对被统治阶级的暴力基础之上的,而是建立在被统治阶级对统治阶级的"同意"基础之上的。在葛兰西看来,统治阶级之所以能做到这一点,关键在于掌握了意识形态领导权和文化领导权。他把这种以夺取意识形态和文化上的领导权的斗争称为"阵地战",这种斗争方式适合无产阶级在资产阶级统治处于稳定时期所采取的革命方式。在葛兰西看来，市民社会是发达西方国家维护统治最重要的堡垒，只有通过阵地战的方法，无产阶级才能逐个地夺取新阵地，最后夺取国家领导权。

三、葛兰西的"有机知识分子"

葛兰西从市民社会理论出发，对知识分子及其职能问题作了全新的探讨，提出了"有机知识分子"的思想。葛兰西认为，"有机知识分子"是市民社会与政治社会的活细胞，他们创造、传播、阐释所属阶级的思想意识，并使所属阶级的成员认识到自己的处境、职责与使命，进而使这种思想意识渗透到各个领域，成为统领社会思想的意识形态。葛兰西指出，"有机知识分子"是社会文化领域中的精英，他们以组织者的身份开展道德生活和精神生活方面的改革，他们具有领导文化和意识形态的作用，即生产、传播、阐述知识、思想、观念等文化。葛兰西认为，每个利益集团在生产、参与属于自己的经济领域的同时，它也制造出了属于自己的知识分子。

四、葛兰西的"全球市民社会"

20世纪80年代,特别是冷战结束以来,在国际关系领域兴起了"全球市民社会"的新话语。全球市民社会主要是指表达全球意识和价值的非政府领域包括非政府组织、全球市民网络、全球市民运动。全球市民社会是葛兰西关于市民社会这一纯粹的国内政治术语在全球层次上的运用,是葛兰西的市民社会承载全球意识与价值在世界范围内的有机延伸和拓展,解决全球治理中的关键——南北问题,在本质上就是要求建立一个没有南北差异的平等的全球市民社会,并以此来解决诸多的全球问题。全球市民社会的出现促进了全球社会的整合和认同,有利于跨国范围内的交往与沟通,使得全球社会朝向以"人民"为中心,整体化和民主化的方向发展,有利于消除隔阂与分歧,在全球市民中形成一种具有伦理价值色彩的全球意识。

第二节 哈贝马斯的市民社会理论

尤尔根·哈贝马斯,是德国当代最重要的哲学家之一。

他同时也是西方马克思主义法兰克福学派第二代的中坚人物。历任海德堡大学教授、法兰克福大学教授、法兰克福大学社会研究所所长以及德国马普协会生活世界研究所所长。由于思想庞杂而深刻，体系宏大而完备，哈贝马斯被公认是当代最有影响力的思想家，在西方学术界占有举足轻重的地位。市民社会是哈贝马斯学术生涯的一根主导性线索。哈贝马斯从20世纪60年代的公共领域研究，经由80年代的交往行为理论，进展到90年代的世界市民社会思想，将市民社会理论大大地推进了一步。

一、哈贝马斯的"公共领域"

哈贝马斯认为，市民社会是独立于国家之外的私人领域和公共领域。私人领域指由市场对生产过程加以调节的经济子系统，公共领域则是指由各种非官方的组织或机构构成的私人有机体，它包括团体、俱乐部、党派、沙龙等。哈贝马斯的公共领域，是指介于市民社会和国家之间进行调节的一个领域，在这个领域中，通过讨论、交流有关一般利益问题，达成一致的公共意见，以监督国家权力的运行。公共意见的形成意味着公众以民主的方式影响国家的活动。哈贝马斯强调了公共领域的价值，认为它正遭受商业化原则和技术化政治的侵害，使得人们自主的公共意见越来越薄弱，对公共事务与利益，人们变得越来越冷漠。他认为只有重建非政治化、非商业化的公共领域，才能重新发现人的价值和意义。

哈贝马斯通过对资产阶级公共领域结构和功能的考察，发现资产阶级公共领域包含着两个矛盾，而这两个矛盾为该领域的转型埋下了伏笔。

第一，公与私的矛盾。哈贝马斯指出，在资本主义形成的初期，私人的独立性与市场规律所要求的独立性是相吻合的。但在晚期资本主义，由于整个社会此时已被纳入巨大的市场经济的风险之中，生活的再生产已经超出私人家庭的限制，因此，公共领域介入小家庭的事务成为一种必然。这样，公共领域的公共性与小家庭的私人性构成了一个矛盾。

第二，多与少的矛盾。资产阶级公共领域的参与者是由私人通过自由地集合而形成的公众。但这样的集合是有条件的，如对参与者的教育背景与财产有要求，从而导致了只有小部分人才能进入资产阶级的公共领域。在《公共领域的结构转型》中，哈贝马斯将公共领域划分为资产阶级公共领域和平民公共领域两种类型。这两种类型的区分标准是参与者的财产状况与受教育程度。这个"准入"的门槛意味着资产阶级公共领域本身的悖论。即要进入资产阶级公共领域，必须具备一定的"教育"或"财产"的条件。这两种公共领域的参与主体存在着明显的差别，即资产阶级公共领域的参与者大多为有产者，而平民公共领域的参与者则是典型的"底层的人"、"无产者"。这样，理想的公共领域中的普遍性与现实的公共领域中的特殊性，构成了又一个矛盾。

在资本主义的历史进程中，公共领域两个矛盾日益暴露出来，它促使资产阶级推动实现公共领域的转型与变革。这种转型与变革大致可以分为两个方面，一是公众本身发生了转变，实现了从文化批判的公众转向文化消费的公众的转变。二是公共领域与私人领域开始逐渐融合，两者之间的界限日益变得模糊。

哈贝马斯认为，政治国家与市民社会的分离，公共领域与私人领域的严格界定是资产阶级公共领域得以维持自身的前提条件。但自从1873年出现经济大萧条以来，伴随着贸易政策的明显改变，自由主义时代走到了尽头。一方面，通过法律和措施，国家深入干预商品流通和社会劳动领域。另一方面，作为国家机构的公共权力机关承诺对每一个公众开放。这两个方面促使经济弱者通过政治手段与占有市场的经济强者相抗衡。其结果是，在私人交往中出现了私人的联合，他们组成利益集团以进行集体的利益诉求。利益集团的出现表明，现在的公共领域已经不再是公共权力的对立面并对公共权力进行批判，现在它们直接要求获得公共权力。

哈贝马斯提出了"伪公共领域"的概念，即是一个对公共领域和私人领域进行控制并"再度封建化"的领域。哈贝马斯认为，"伪公共领域"消融了资产阶级真正的公共领域，瓦解了真正的公共权力，它是通过两方面而实现它的扩张。第一方面，它驱使公众服从利益的需要，私人自律再也无所依托。在哈贝马斯看来，媒体被大型企业所操纵，并受到利益集团和政党左右，成为了它们追逐利益的重要工具和手段。当媒体的功能从收集、表达、传播公众意见、社会舆论的载体转向媒体的商业广告服务时，私人利益改变了公共领域的性质。第二方面，它迫使公众服从意见领袖或权威意志，并让他们将私人利益融合于集团利益之中，从而也就瓦解了私人利益的独立性与排他性。这种公共性实际上是自上而下建立起来的权力关系，在这种权力关系中，公众被高于其上的组织所操控。由此，在哈贝马斯看来，资产阶级公共领域在当代进入了全方位的衰落。

二、哈贝马斯的"交往行动"

哈贝马斯在《交往行动理论》所阐述的思想是其市民社会思想的理论核心。哈贝马斯试图论证，通过整个社会的合理化交往，达到人类的真诚沟通，从而形成一个理想的交往情境，并最终实现有序而规范的市民社会。

在哈贝马斯的交往行为理论体系中，系统与生活世界是两个重要概念。"系统"在哈贝马斯那里有两个意思，第一是作为社会的制度或组织，影响着人类的生活，它大致相当于社会的物质再生产领域。第二是作为研究社会世界的一种分析架构。研究者采取一个观察者的客观角度，去分析和了解社会现象；但同时也代表着一种系统分析的方法，把社会作为一个系统去了解，重视其结构和功能层面。需要说明的是，尽管哈贝马斯建构了"系统——生活世界"的框架来理解和分析社会现象，但就交往行动理论的整体视之，生活世界才是他关注的真正中心。

哈贝马斯把交往行为定义为达到理解的活动，生活世界是交往行为得以"落实"的基础，是交往行为得以继续的"界面"。在这个意义上，生活世界构成了交往与理解的结构、背景和前提。它包含着一组社会成员都视为当然的有关世界、社会等事物的"共同的基本信念"以及得到普遍接受的解释，它们促进并形成了构成交往行动取得理解和一致的过程。生活世界是由文化、社会和人格三种因素构成的一个结构。在文化层面上，人类间的相互交往不单只是依赖文化资料作为沟通的媒介，而在交往的过程中会同时传递和更新文化知识；在社会层面，交往行为不仅仅只调节不同意见或社会行为，并且会促进社会整合和人类的归属感；在人格方面，交往行为有利于社会教化的实现并促使个人自我观的建构。

系统与生活世界是紧密相关的，在经济、政治、家庭以及其他的制度性设计中再生着生活世界的文化、社会和人格的各个方面。系统的发展要依靠生活世界提供"意义"上的支持，生活世界的意义再生与创造得益于系统的经验保证，这有点类似实践与理论的关系。然而，人类进化的整体趋势却是二者逐步的分离。分离的结果不是二者各安其分，而表现为前者对后者的侵蚀。权力与金钱以惩罚和报酬取代了交往行为的共识成为行为调节的一般模式，生活世界的交往主体的行为协调从以语言作为理解的中介转向非语言的中介，这意味着行为脱离了生活世界相互理解的背景、前提。正是在这种情况下，独立出来的权力和金钱"系统"形成了一个客观的世界，一种不受规范指导的第二自然界。生活世界的贬值成为必然。这就是哈贝马斯所说的"生活世界的殖民化"。晚期资本主义的窘境与危机在系统与生活世界这一分离过程中日益显露出来，资产阶级公共领域瓦解的真正原因正在于此。

哈贝马斯从语言学与社会学的角度讨论了两类交往行为。一类是语言学的行为分析。哈贝马斯指出，首先，任何一种交往行为都是以理解为目的的活动，要达到理解，一个参与交往的人必须说出某种可以理解的东西，使自己成为可以理解的，与他人（听者）达成相互理解或共识。其次，人类的理解必须借助于语言。最后是关于语言应用的判断标准问题。哈贝马斯提出三个方面的判断条件。第一，语言的真实性要求，即一个陈述外部世界事实的语句必须被认为是真实的；第二，正确性要求，即一个产生出了共同认可的价值规范的语句必须被认为是正确的；第三，真诚性要求，即一个表达了说话者意图的语句必须被认为是真诚的。正是借助这种分析，哈贝马斯试图勾画出一个理想社会所必需的理想语境，在那里社会行动者可以准确地进行沟通，获得相互之间主观情形的实际认识。通过没有外界强制力和威逼力的争论，公开地调解他们之间的分歧。

另一类是社会学的行为分析。哈贝马斯分析了四种社会学行为，并分别阐述了其与不同的世界的关联。第一，目的性行为，是最基本的行为。其核心问题是，如何在给定的行为情境中选择合理的手段和方式实现主体预求的目的。在这里，人和事物没有本质区别，与之合作的他人只是行为者实现自己目的的手段和工具。第二，规范调节行为范式，是指社会集团成员根据共同价值和规范调节的行为。在这种行为中，行为者主要不是与客观世界相关，而是与社会世界相关。社会世界确定了一系列有关主体活动的规范，哪些是允许的哪些是禁止的都有明确的要求，主体必须遵守。遵守规范不是对事实的认知，也不是为了实现自己的愿望和意图，它是一个社会集团对其成员的要求和社会成员对生活于其中的社会集体的义务。第三，戏剧行为。在戏剧行为中每一个行为角色在公开场合有意识地向作为观众的其他人展示自己的主观情感、品质、愿望等"主观性"行为，即或多或少地展现自己的"主体性"。戏剧行为的核心内容是自我展示，它是以主观世界为中心的。

在哈贝马斯看来，它们都没有把握以语言理解为中心的行为的真正意义，仅仅具有语言的某一方面功能。也正因为如此，哈贝马斯引入交往行为范式。交往行为是指至少有两个行为者通过理解协调相互间关系的互动行为。在交往行为中，语言同时承担认知、协调和表达的功能，语言作为相互理解的中介具有独立的意义。行为者共同寻找他们对情境和行为计划的理解，以便以意见一致的方式协调彼此的行为，实现共同的或各自的目的。该行为的核心内容是情境的解释，它以语言世界为中心。比较特殊的是，交往行为不直接同世界发生关系，而是反思地、间接地同客观世界、社会世界以及主观世界联系起来，把三个世界作为自己的解释框架。

三、哈贝马斯的"生活世界的合理化"

哈贝马斯对行为类型分析，终归是为了日常生活中的实践，并最终体现在整个社会领域内确立起理想的交往情境，从而矫正被殖民化了的生活世界，达至系统与生活世界的有机统一以及构成生活世界的三个结构因素的再生产的有机统一，即文化再生产、社会再生产和人格的自我发展的有机统一。这样的情境在社会宏观层面的表现，就是国家与社会各安其分的状态，公私分明的状态。这个过程首先是从生活世界的合理化开始的。

哈贝马斯对合理化的分析是从韦伯的合理化理论开始的。在韦伯看来，现代化就是理性化的过程。这个过程，大致可以分为两个层面：一是社会系统的合理化，它表现为资本主义经济与现代民族国家的形成，同时意味着经济与政治的分离，在经济领域建立起科层制，在政治领域则建立起官僚制，整个社会被纳入工具理性模式的支配之下；二是文化的世俗化，首先是传统社会中指导人们行为与生活的宗教形而上学的信仰系统不可避免地走向了解体，这个过程，被韦伯称之为"去魅"。通过这个过程，现代化实现了科学技术、文学艺术以及法律道德的合理化。在这个过程中，价值理性失落了，人的自由也失去了。韦伯对于现代化的这个基本判断，哈贝马斯不以为然。他认为，合理化过程代表了一种普遍的历史趋势，但是其具体的进程并不如韦伯所描述的那样，仅仅是社会的合理化；目的理性的合理化过程对应的不过仅仅是目的性行为，这是一种片面的合理化，生活世界的殖民化正是这种片面性合理化过程的一个缩影；社会发展还应有其他行为的合理化过程，尤其是生活世界的总体合理化。

交往行为合理化的最终目标就是要实现生活世界的正常再生产，具体表现为构成生活世界的文化层面的有效沟通，社会层面的有效整合，以及人格方面的健康自我观的建构，也就是生活世界的结构上的合理化。它可以从三个方面展开。首先是文化的合理化。在资本主义不断扩张的过程中，文化走向了世俗化，这为文化的合理化提供了必要的前提。文化的"去魅"，将文化与自然区分开来，在语言观上表现为语言本身的意义与所指的对象之间的恰当分离。文化的合理化表现为主体对上述三个世界的知识按照各自的有效性要求进行论证，作出客观评价；表现为主体对日常的语言和知识保持一种持续的反思循环，进行有选择性的接受和认同；最终表现为科学、道德、法律以及艺术各自按照自己的知识逻辑建构自身，彼此平等地对待对方，而不像晚期资本主义那样，科学技术成为一种意识形态，压制了其他知识存在的价值与意义。其次是人格的合理化。长期以来，主要以工具理性合理化为核心的现代化过程把人对意义与价值的理解纯粹地导向目的性行为。尤其是在现代资本主义权力和金钱两大系统的压制下，人发生了全面的物化和异化。人格的合理化意味着只有主体把完全属于自己的个体意识理解为是作为社会共同体成员的意识，才意味着主体自我观的正确形成，道德、法律等现代性的普遍规范调节标准才会获得遵守。最后是社会的合理化。其重要标志是在整个规范调节领域确立一种包容的、公平的商谈情境，使民主真正地还原它的本来面目，而不像现在那样成为少数利益集团和公共权力人物谋取私人或小集团利益的工具，其核心内容是社会主体的反思与批判意识的建立和有效发挥。

四、哈贝马斯的"激进民主观"

在20世纪90年代，世界范围内发生了三起重要的国际事件，一是东欧剧变，二是海湾战争，三是北约对南斯拉夫的空袭。哈贝马斯的市民社会思想，尤其是关于建构世界市民社会的主张，与这些重要的历史事件是紧紧联系在一起的。这几次事件深刻地改变了冷战以来的国际局势，它使得整个人类的历史进程具有了更大的不确定性。从此，人类进入一个"后民族架构"的时期，"对于新的跨界格局而言，变动与界限是一幅很有诱惑力的图景"。哈贝马斯所描述的晚期资本主义的生活世界的殖民化已经溢出单一民族国家的界限，成为全球性"事件"。在这种情况下，人类社会的协调与共处需要有一套新的原则或规范。

哈贝马斯的激进民主观包含四个方面的基本内容。第一，确立一种以对话为基本交往形式的生活方式。每一个有语言和行为能力的主体在自觉地放弃权力和使用暴力的前提下，自由平等地参与话语的论证，在此过程中，人人都怀着追求真理、服从真理的动机和愿望，并对在对话过程中达成的规则的实现之后果承担责任。哈贝马斯认为，如果一切人都可以参与意志的形成和争论，那么，社会的基本制度和政治的基本判断，就能得到他们的自觉支持。这种生活方式应该成为当代社会生活的常态。第二，实现交往行为的合理化。第三，确立一种立足于主体间性的文化。今天，任何一个主体（甚至以现代民族国家为代表的国际主体）都不得不被卷入与他人、社会之间的交往活动之中。因此，主体能否形成恰当的自我认同，培育出世界公民人格是现代文化的起码要求。第四，民主是一种决策程序和政治操作程序。哈贝马斯一再强调，对话理论要求通过对话或商谈达成共识，这种观念反映出公民以理性的眼光关注民主参与的过程。在这个过程中，公民关注的是利用民主程序来表达自己的倾向性，并以此进行商谈与论证。

五、哈贝马斯的"世界市民社会"

哈贝马斯所开辟的道路，试图重振晚期资本主义的公共领域并走向世界市民社会，人类解放的主题让位于资本主义的自我更新的主题。哈贝马斯立足于"理想的言语环境"的重构世界市民社会的构想，标志着他对世界政治的关注由维持国际秩序的经验层面转向政治意志形成的过程和环境。理想的交往环境本身保证了政治决策合法化的形式条件。激进民主正是在这个意义上对资本主义乃至不合理的国际政治进行改造，以期实现系统与生活世界的平衡，建构国家与市民社会的规范格局乃至世界市民社会。

依照哈贝马斯的设想，在未来的世界市民社会中，"无暴力的共同生活将使个人的自我实现和自主成为可能。这种自主……建筑在团结和正义之上……宽容和相互理解成为人们的思维和行为的根本动机。而宽容，便是在不放弃现代世界在文化、社会和经济方面存在差异的情况下，寻找合理的生活形式、真正的自主与和平的共处，即在一种同一性中自由地、真诚地生活。"当然，哈贝马斯也清楚地知道，这样的世界市民社会并不是一蹴而就的，他从理想性和建构世界市民社会的可能的方向上作了细致地论证。第一，整个国际社会要立足于后民族架构，进行一种观念上的转型。传统的民族国家以及他们的国民应该超越"国家利益"，把自身的视角拓宽成为"全球治理"的视角，实现民族国家的政府从"国际关系"向"世界内政"的转变。这个"世界内政"，是没有世界政府的市民社会。第二，在具体的操作形式上，可以由小到大，层层推进。哈贝马斯提供的思路是先从地区性合作开始慢慢扩展到全世界。以欧盟为例，哈贝马斯认为欧盟不仅是一个经济联合体，而且应当建成政治联盟，形成欧洲政治公共领域的交往网络，在欧盟内部实现跨国家的民主政治。他提出了在欧盟内部需要实现的三个条件，"第一，必须有一个欧洲市民社会；第二，建立欧洲范围的政治公共领域；第三，创造一种所有欧盟公民都能参与的政治文化。"最后，是世界市民社会的出现与和平状态的到来。在这个由自由国家组成的世界市民社会里，大国和强国必须放弃好战的对外政策，所有国家和地区都应该建立民主的政治体制，并逐步过渡到一种自由的政治文化，使大多数人养成一种爱好和平的素质。

　　哈贝马斯这一未来"世界市民社会"的构想和设计，遭到了许多人的怀疑，指责其具有乌托邦的倾向。针对这些指责，哈贝马斯提出了他自己关于乌托邦的一种理解。在他看来，决不能把乌托邦与幻想等同起来。幻想建立在无根据的想象之上，是永远无法实现的，而乌托邦则蕴含着希望，体现了对一个与现实完全不同的未来的向往，为开辟未来提供了精神动力。乌托邦的核心精神是批判，批判经验现实中不合理、反理性的东西，并提出一种可供选择的方案。它意味着，现实虽然充满缺陷，但应相信现实，同时也包含了克服这些缺陷的内在倾向。检视历史会发现许多曾经被认为是乌托邦的东西今天都变成了现实。他很有信心的指出："一种理论观念的强大之处就在于，一旦越来越多的人意识到它的正确性，它就会顽强地存在于人们的意识之中，无论遇到的障碍有多大，它总有一天会变成现实。"

　　哈贝马斯关于世界市民社会的构想，显然是建立在西方的价值观之上的，其核心是西方式的议会制民主和人权至上主义。他强调了西方社会制度以及价值观的普适性，在追求文化间性的过程中恰恰让自己陷入了"西方中心主义"的尴尬境地。哈贝马斯市民社会思想的积极意义恰恰在其乌托邦的色彩。在晚期资本主义，福利国家政策和国家干预主义普遍盛行，整个社会生活受到全面的控制；在传统的社会主义阵营，由于深受苏联模式影响，国家计划更是无所不包，几乎垄断了社会生产和生活的一切方面。也就是说，在整个国际范围，政治国家已经成为一架高度官僚化的机器，它按照一整套工具合理性原则整合社会，压抑一切人们对内心自由的向往和生存意义的渴求。也正在此时，关于权力的合法性、工具合理性、国家合理性的限度成为国际范围内社会哲学的主流话语。

第六章　马克思市民社会理论在当代中国的发展

　　只有不断地挖掘新事实、收集新信息、发明新的方法才能生成新的概念、提炼新的观点、构建新的理论。改革开放至今，中国的社会发生了巨大的变化，市场已经成为社会资源的主要配置手段，从而使中国个体自主性空间的产生与不断扩大，必然导致了一个独立于国家而存在的自主领域，这一领域就是正在生成和发展的中国市民社会。中国现代化进程中伴随着经济、政治领域改革的深化和拓展，社会自主领域日益扩大，现代意义的市民社会正在发育、成长和崛起。市民社会与政治国家的相对分离是现代社会的重要特征，现代化进程在一定程度上就是市民社会不断发育成熟的过程。面对中国市民社会的生成与发展，如何正确把握市民社会与政治国家之间的关系，已成为当代中国重大的理论和现实议题。

第一节　中国关于市民社会概念的界定

一、关于"Civil Society"的翻译

在我国，英文概念"Civil Society"一般被翻译成"市民社会"、"公民社会"和"民间社会"，这三种中文表述所强调的内涵是有所差别的：首先，"市民社会"一般侧重从私人的、经济的关系层面来进行定义，有"去政治性"的意味；其次，"公民社会"则强调社会成员的"公民身份"（Citizenship），强调独立主体的政治与社会权利；"民间社会"则兼有市民社会和公民社会的双层涵义，强调了指整体上同国家相对应的社会。

在1992年以前，"市民社会"这一概念就已经存在于中国的学术界了，但那时学者们是从资产阶级社会的生产关系这一内涵去把握这一概念的。随着西方公民社会研究的兴起，以及西方公民社会思想的引入，就有学者开始强调公民对政治生活的参与和对国家权力监督与制约的重要性，越来

越多的学者开始对"公民社会"这一种译法抱有理论兴趣,给予很大学术关注。

随着对"Civil Society"概念的深入了解、领会,以及相关理论之间的碰撞,学者们逐渐形成了越来越多的共识。在当前中国政治发展的大背景下,"Civil Society"的政治意蕴主要表现在两个方面:一方面,从政治内涵维度厘定"公民社会"的基本范畴。早期中国的学术界往往混淆"公民社会"与"市民社会"的概念,没有明确区分各自的使用范围。另一方面,从社会内涵维度厘定"公民社会"的基本范畴。学者们将"公民社会"与"市民社会"相区别开来,将前者界定为由非政府组织。

二、市民社会的内涵

市民社会作为一个外来概念,从西方引入中国后,其定义及内涵在中国的学术界一直存有争议。大致来说,由于受西方市民社会或公民社会理论的影响,国内学者对市民社会的概念存在着如下几种不同的理解方式。

第一种理解方式,是将社会划分为政治社会和市民社会两部分,社会领域划分为公域和私域。政治社会主要是指政党、政府及其职能部门所主导的公域,而市民社会则是政治社会之外的私域。市民社会是指社会成员按照公平、自由的契约规则,自觉自愿地进行各种交往活动的私域。这一领域是由独立自主的个人、集体、社团和利益集团构成的。

第二种理解方式,是将社会划分为公共领域、私人领域以及介于二者之间的第三领域,国家是公共领域,家庭是私人领域,而市民社会则是介于国家和家庭之间的第三领域。第三领域是一些同国家相分离的组织所构成的,这些组织在享有相对的自主权,是由社会成员自由结合而成,这些组织的存在在于以保护、增进、实现社会成员的共同利益或价值。

第三种理解方式,是将社会分为政治社会、经济社会和市民社会,市民社会是国家或政府之外的所有民间组织或民间关系的总和,其组成要素是各种非政治的、非经济的民间组织,包括非政府组织、公民的志愿性的社团、协会、组织,它们又被称为介于政府和企业间的"第三部门"。

第二节　中国市民社会研究兴起的背景

改革开放以来，中国出现的一系列变化为中国学者引进西方市民社会理论提供了赖以生存的土壤。中国市民社会研究的兴起，有其深刻的社会背景。

第一，市场经济的发展。中国的"社会领域"出现了大量的自主经营、自负盈亏的个体私人组织、外商独资组织以及各种形式的中外合作组织，资源的配置方式逐步从国家计划转向"看不见的手"的市场调节，经济运行从依靠行政命令转移到依靠市场法规，经济体制改革的目标也被确定为"市场经济"。市场体制下社会需求的多元化形成了多元的、世俗化和个性化的独立思想意识。市场经济的发展使企业的自主性增加，导致某些行业组织有可能脱离政府成为独立的民间组织，此外，市场经济增加了企业的风险程度，为了保护自身利益，各种行业性组织正在不断兴起。同时，巨大的经济效益为人们参与各种社会组织以及公民社会组织自身的发展提供了经济基础。

第二，政治体制改革。从"国家领域"来看，国家的职能也在逐步从"不该干预的领域"中撤离出来，实行政企分开。从中央和地方的关系看，原来国家相当一部分权力交给地方，由地方自主决定。改革开放后，一方面，中国政府开始强调法制和法治，公民结社自由的权利得到了相当程度的保障，公民申请成立非政治性社团不再受到限制；另一方面，政府不断深入体制改革，政府权力转移以及政企分开、政社分开推动了民间组织的形成。另外，政府职能由以管为主向以服务监督为主的转变为一个相对独立的市民社会的产生奠定了政治基础。

第三，全球化进程加快。全球市民社会有组织的跨国社会运动对国内市民社会的发育和运作产生重大的影响。中国在参与全球竞争的过程中，必须积极参与国际市民社会组织并形成自己的民间组织。

第三节 中国市民社会的研究进程

中国学界曾围绕着中国是否存在一个市民社会，如何建构一个市民社会，市民社会与社会主义现代化之间的关系如何等一系列问题，开展了较为广泛的探讨、交流、争鸣。一般来讲，中国市民社会研究进程可以划分为两个阶段。

第一个阶段是从1992年至1999年。这一阶段的中国，无论是在政治、经济、社会、文化等各个领域都经历了巨大的改革，社会主义市场经济体制得以建立，整个经济社会的发展获得了巨大的动力，一方面，激发了社会成员的积极性和创造活力，另一方面也进一步有效实现了社会资源的合理、有效分配。

第二阶段是2000年至今。这一阶段，随着我国对外开放的步伐进一步扩大，全球化的浪潮几乎席卷了我国社会的每一个领域。虽然我国经济社会各个领域的改革已经出现了初步效果，但同时，改革中积累的、隐藏的、新增的各种问题逐渐暴露，这些问题给我国经济社会的建设发展造成了许多的制约和障碍。

两个阶段的市民社会研究各自有不同的特点。相比于前一阶段，后一阶段的市民社会研究表现出了明显的新特征。在后一阶段的研究中，市民社会虽然作为一种范式被继续讨论和关注，但一些研究者已经开始超越国家主义与自由主义两种研究模式的对立，寻找建构一种社会主义市民社会的模式。这一阶段的市民社会研究，尤其是从政治社会学角度进行的研究，取得了长足的进步，涌现了一批实证研究成果，成为重要的影响社会思潮的力量，一些"非政府组织"、"第三部门"等概念开始从学术界走向日常生活，被越来越多的普通大众所认可和使用。

随着我国不断融入世界经济全球化、一体化，作为全球市民社会的一个重要的有机组成部分，中国市民社会如何融入全球事务、参与全球治理，以及在此过程中如何处理自身与国家主权之间的关系等问题逐渐凸现，而这些问题也构成了新世纪中国市民社会研究的重点方向。

第四节 中国市民社会发展阶段论

关于中国市民社会的发展过程，中国的学者们提出了"两阶段发展论"、"三阶段驱动理论"、"四阶段发展论"。

一、"两阶段发展论"

这一理论将中国的市民社会发展分为两个阶段。第一阶段是市民社会的初级阶段，这一阶段的市民社会，是一个国家与市民社会的二元结构。第二阶段是市民社会的高级阶段，国家与市民社会高度分离又高度统一，互为条件，相互影响、共生共荣。在第一阶段，随着市民社会逐步形成，国家和市民社会开始有了一个初步的互动过程。一方面国家在从上至下进一步改革的同时，加速了政府的职能改变，主动地、逐渐地退出一些社会经济领域；另一方面，社会成员则充分利用政府职能改革的契机，积极进入一些社会经济领域，有意识地由下至上推动市民社会的营建。市民社会这一阶段是一个成熟阶段，普通的社会成员在进入一些曾是政府发挥作用的经济社会领域，扮演了曾是政府扮演的角色，担当起了一定的社会责任，发展和完善了自身的公民素养，与国家形成良性的互动的关系。

二、"三阶段驱动理论"

这一理论将中国的市民社会发展分为三个阶段。第一阶段是"政策驱动"。这一阶段中国的市民社会还处于生长期，还没有从政治国家中相对独立出来，没有能够获得相对独立的地位，它不可能也没有能力对国家和政府的决策、行为起到一个监督的作用。第二阶段是"体制驱动"。这一阶段中国的市民社会处于快速成长壮大期。随着中国现代化进程进一步加快，中国社会经济体制也在不断得以完善。这一阶段，依靠政策而实现的经济社会的发展动力，已经逐步减弱，中国社会的现代化进程依靠力量逐步转向了更为持续的动力，中国经济社会发展主要依靠体制机制的创新，逐步实现转型发展。第三阶段为"市场驱动"。这一阶段中国的市民社会进入了相对成熟期，这一时期中国经济社会的一个重要特征，就是市场经济的高度发展，中国的市民社会与国家、市场结构关系将发生重大变化，市民社会与国家、市场将在更高层次上重新实现一体化，而这一体化较最初的一体化而言，是一个质的飞跃。

三、"四阶段发展论"

这一理论，将中国的市民社会发展分为四个阶段。第一阶段是培育阶段。在1978年以后，中国进行了一系列政治、经济体制改革。政治权力的退缩和经济权力的扩充为"第三部门"的发展提供了制度空间，并打下了经济基础。第二阶段是建设阶段。这一阶段由国家根据整个社会经济发展状况，自上而下地进行相关政府职能部分的调整与改革，政府把一些专业职能部门改为社会"第三部门"，包括各种行业协会或社团，这些组织机构，介于政府、市场、家庭之外，但能够独立行使行政职能，来指导公民的社会生活。公民在此前提下，通过积极参与这些组织，积极参与社会，不断提升自身的公民素养与公民意识，自下而上地配合政府来共同推动社会"第三部门"建设。第三阶段为发展阶段。公民在参与各种行业协会、社会团体的过程中，大大增强了权利意识和公益视野，也大大提高了参政议政的能力和兴趣。许多人积极要求参加各种社会公益活动，在各类"公共领域"中主动思考，发表意见和提出建议，为政府决策提供了积极有益的参考价值，能够有效避免政府行为的任意性与盲目性。第四阶段为成熟阶段。"第三部门"与国家、市场、家庭中相对独立出来，与三者之间相互分离但又相辅相成，相互影响、协同发展，形成了一个充满活力的市民社会。

第五节 中国市民社会研究的意义

市民社会既是市场经济高度发展的产物，同时也是孕育民主政治的摇篮。市民社会的构建是当代中国社会转型的历史目标，也是推动中国社会发展的必然选择。以马克思市民社会理论为指导，研究市民社会形成的一般规律，并结合中国社会发展的具体情况和特性，制定适当可行的构建目标，厘清构建思路，对切实推进中国社会的有序转型，为当代中国社会发展提供动力具有深远的意义。

市民社会是孕育政治文化的摇篮。政治体系的存在和维系离不开政治文化的传播。文化作为一种形态，可以起到推动政治长远发展的功效。现代民主政治体系的健全需要现代政治文化加以支持，市民社会对现代政治文化的形成与发展起着重要作用。市民社会作为市场经济的伴生物，在依赖于市场经济的同时，又形成了自身的特性。在市民社会里，要多吸收市场经济原则中的有效元素，并将其作为自身发展的组织原则和价值定位，其中合理的个人主义、多元主义以及功利主义等价值体系和道德意识的形成，为公民的政治生活和政治实践提供了基本的价值坐标。市场原则和自由精神与政治实践相结合，并在长期的政治实践中整合并沉淀，形成了以民主、法治为核心的现代公民意识和公民文化，这直接构成了现代政治文化的核心价值和基础理念，从而深刻影响现代政治文化的价值趋向及演进历程。

市民社会是建设民主政治的基础。政治民主化是保障公民权利得以实现的政治形式，它既是评价政治发展的重要标尺，又是政治发展的基本目标之一。市民社会有其发展的历史土壤，一方面，它凭借其自身发展的独特性，可以起到限制国家权力扩张的作用，同时还能有效地监督政府行为，完善制度；另一方面，市民社会本身的法治性特征，又可以作为民主政治体系持续稳定发展的保障。市民社会作为制度化发展的必然历史过程，可以将社会的各个阶层有机联合在一起,同时又使政治体系能及时把握与解决社会发展过程中的种种矛盾,消除隔阂,解决社会问题,凝聚社会力量。

市民社会是实现善治目标的关键。"善治"是一个促使公共利益最大化的政治管理过程。它的本质特征在于它是政府与公民对公共生活的合作管理,是政治国家市民社会的新颖关系,是两者的最佳状态。随着政治全球化的发展,善治的理念也逐渐在人们心中根深蒂固起来。市民社会肩负的使命重大,如果没有一个完善和谐的政治环境,那么"善治"的目标只能是一种空想。市民社会是推进政治民主化与文明化的一个不可或缺的力量。在市民社会中,应更加注重善治的质量与结果。倘若市民社会的权利得不到保障,就谈不上政治国家的善治,更不必谈国家的长远发展。

市民社会是维护政治稳定的保障。政治稳定既是社会长远发展的重要目标,也是推动政治发展的重要因素。它是国家政治系统既能维持既定的基本政治秩序,又有适应社会政治变迁的能力,社会政治生活表现出一种连续、规范、可控和有序的状态。一方面,市民社会的发展进一步厘清了政治国家与社会的边界,为政治稳定提供空间保证。国家对社会的覆盖和控制是产生政治失范进而造成政治动荡的关键因素。只有厘清政治国家与社会的边界，形成二元分立及互动发展格局，并形成实质性的社会独立性和自主性，政治稳定才能获得新的生存和发展空间。市民社会的发展是历史前进的选择，它可以催生很多有益于社会发展的重要因素，如调控能力、平衡能力与宏观管理能力等，这些因素可以消解社会矛盾，解放社会生产力，降低社会发展成本，从而支持社会政治稳定态势的形成；另一方面，随着市民社会的发展，逐步壮大的中产阶层将是政治稳定的社会主体力量。中产阶级具有节制、中庸及很少野心等美德，可以为政治稳定提供价值和行为方面的支持和保证。